Wilson과 행정학

The American Society for Public Administration
1301 Pennsylvania Avenue NW Suite840
Washington D.C.20004

ISBN No: 0-936678-13-5
디자이너 : Susan England.

Wilson과 행정학

Paul P. Van Riper 편저
김 성 기 역

전남대학교출판부

Woodrow Wilson의 유명한 논문
"행정의 연구" 발표 100주년을 축하해
이 책을 만든다.

미국 행정학회 제Ⅲ세기 위원회(위원장 : Frances K. Burke,
부위원장 : Paul P. Van Riper)의 감수로 이루어 졌다.

미국행정학회의

제Ⅲ세기 위원회를

최종적으로 고안하고 출범시킨

고 S. Kenneth Howard를 기리며

이 책을 바친다.

| 서문 |

여기에 모은 논문들은 행정과 관계되는 Woodrow Wilson (1856-1924)의 모든 것에 초점을 맞춘 최초의 노력을 발표한 것이다.

이들 논문들은 미국행정학회의 제Ⅲ세기 위원회의 부위원장으로서 편집한 논문들을 함께 모아 엮은 것이다. 부분적으로는 전임자들의 작업 구상에 따라, 1984년부터 1987년 사이에 Frances K. Burke가 위원장을 맡았고, 그 위원회의 마지막 회의는 미국행정학회 안에 미국 헌정 200년과 Wilson의 1887년 발표 논문 "행정의 연구" 100주년 기념회를 조직했다. 이 기념회는 1986년과 1987년 학회의 연례회에서 일련의 토론회와 발표회를 가졌다. 그 연례회는 미국행정학회와 행정학도들의 참여와 노력에 힘입어 활발하게 운영되었다.

이 논문들은 1986년 연례회의 발제 논문으로 먼저 발표되었고 1987년 연례회에서 수정되어 발표되었다. 다른 수정이 계속 이어졌고 마침내 주제발표회(symposium)에서 발표한 것과 같이 일관성과 짜임새를 갖추게 되었다. 어떻든 동료들의 조사, 작성 기술 그리고 끈기에 힘입은 바 크다.

이 서문에 이어 간단히 "Wilson을 소개" 한다. 거기에는 개략적인 그의 경력과 그의 지적 관심 그리고 그것에 영향을 미친 중요한 것들을 정리한 견해들이 담긴다. 1880년대의 행정 사상의 상태를 다룬 본 편집자의 논문이, Wilson자신도 발견했던, 그 10년간의 미국의 상황을 소개한다. 이어서 1887년의 논문"행정의 연구"가 재 인쇄 게재된다. 다른 논문들은 대개 연대순으로 게재한다. David E. Marion은 그 논문에서 참신한 견해를 끌어내 그 논문의 유명한 정치/행정 이원론이 당시로는 행정을 더욱 발전시키는데 당연히 필요한 방안이었음을 제시한다. 물론 1888-1898년 사이에 Johns Hopkins대학에서 행한 Wilson의 행정학 강의는 20년간에 걸친 강의안으로 인쇄되어 있기는 했지만, Barbara J. Burt-Way가 최초로 그것들 전체를 검토한 한 사람이다. 그 장의 부록으로 Wilson의 행정학 박사 학위 자격 시험문제 사본이 그가 다른 학생들, 특히 Westel Woodbury Willoughby를 위해 베껴놓은 대로 실린다. 무릇 학문은 시험을 거치지 않고서는 완결될 수 없다. 그 시험은 1890년 5월에 실시되었던 것으로 우리가 보기에는 행정학만큼 오래된 것이다.

학자이자 정치・행정가로서의 Wilson에 관한 논문에서 Henry A. Turner는 1950년 이후 높이 인정받은 자신의 일련의 논문을 개정 통합하여 내놓고 있다. 마지막으로 Larry N. Walker는, 당시 학문과 정치 운동에 미친 Wilson자신의 영향을 통해, Wilson이 보통 알려진 것 보다는 훨씬 더 미국의 행정학 발달에 기여한 바가 크다고 주장하고 있다.

각 장마다 편집자 주를 달아 자료와 주제 그리고 논거에 관한 입장을 정리하는데 도움을 주고 있다. 이 논집은 Wilson의 정치사상과 활동 전반을 기술하는 연구가 아니라 행정에 관계된 그의 사상과 활동만을 제한하여 소개하고 있다는 점을 유념해 주기 바란다.

컴퓨터 작업을 면밀히 해준 Texas A&M대학 정치학과의 Edna Lumpkin과 Marcia Bastian에 크게 감사한다. 아울러 미국행정학회와 그 임원들, 특히 David Shingler와 Sheila McCormick에게 이 책이 만들어 질 수 있도록 행정 지원과 편집 지원을 해준데 대해 사의를 표한다. 또한 ASPA 간행위원회와 Ⅲ세기 위원회에도 감사한다. 최고의 Wilson학자요 그의 논문의 편집자인 Princeton 대학의 Arthur S. Link의 조언과 격려는 큰 힘이 되었다. 오류는 편집자만의 것이다.

1989년 8월

Texas A&M대학
편집자 Paul P. Van Riper

| 역자서문 |

이 책 『Wilson과 행정학』은 미국행정학회(ASPA)가 1990년, 행정학 100주년을 기념한 학술대회 논문집 The Wilson Influence on Public Administration 을 한글로 번역한 것이다.

우리나라에서는 행정학의 기원이 프랑스와 독일의 관방학보다는 미국의 관리학인 것으로 받아들여진다. 행정학의 기원으로 그렇듯 당연시하는 Wilson의 행정학에 관한 역사적 연구는 한국에서 행정학의 이론 및 실천적 기반을 보다 확고히 하는데 의미를 갖게 할 것이다. 행정현상에 대한 과학과 철학에 이어 학설사를 정리하는데 작지 않은 뒷받침을 해줄 것이기 때문이다.

학설사의 정리에는 주요 학자의 대표적 저작을 여러 학자가 천착해 논지의 전개에 접근하는 방법과 많은 학자들의 다각적인 주장에 대해 한 무리의 논자들이 공통적으로 주목하는 의미 있는 이론의 흐름을 파악하는 방법이 있다. 이 책은 전자의 방법을 써 Wilson이라는 주요 행정학자의 행정에 대한 인식과 이해를 통해서, 시대상황과 이론상황을 뒤쫓아 체험하면서 「행정은 사무다」라는 중심개념과 명제의 의의를 확인하고 있다.

이제 우리의 행정학도 넓어진 외연의 바탕에 보다 과학적인 연구, 보다 철저한 철학 그리고 보다 꼼꼼한 학설사의 연구를 더해 흔들림 없는 자리를 잡아야 한다. 이 책을 번역한 것은, 이 책이 약간 오래 되긴 했지만, 그러한 바람에 응해 대표적인 행정학자들의 주요 저술을 연구하는데 꾀나 좋은 길잡이가 될 수 있다고 생각해서였다. 그 작은 바람이 이루어지기 바란다.

이 책의 출판을 지원한 전남대학교 학술진흥재단과 출판부 여러분께 감사한다. 번역허가와 교정에 수고한 전남대 행정학과 강사인 김대성 박사에게 특별히 감사한다. 아울러 교정과 색인 작업을 한 전남대 행정학과 박사과정의 김행희에게도 감사한다. 의역보다는 직역에 힘썼다. 문맥의 음운에 따라 같은 뜻을 가진 다른 용어들을 쓰기도 했다. 오역이 있다면 전적으로 역자의 잘 못이고 독자의 지적으로 고쳐나갈 것이다.

2007년 4월 일

National University of Singapore,
Lee Kuan Yew School of Public Policy 연구실에서 역자

목차

Wilson 소개

____편집자

(Thomas) Woodrow Wilson(1856-1924)은 민주당후보로 28대 미국 대통령에 선출되어 1913년부터 1921까지 봉직 했다. 그는 실제 학문적 역량을 발휘한 몇 안 되는 대통령 가운데 — 다른 대통령은 Thomas Jefferson과 Theodore Roosevelt — 한 사람으로, 탁월한 학문적 경력을 위주로 국가 최고의 정치적 직위에 도달한 유일한 사람이다. 그의 탄탄한 정치학과 역사학의 기초를 바탕으로 그가 학문적 견해를 정치 현실에 엄격하게 검증해 볼 수 있었다는 사실 또한 진기하다. 그와 그의 생각은 검증 되었고 그리하여 그가 우리의 탁월한 대통령 대여섯 명 가운데 한 분으로 꼽힌다고 결론내리는 것은 당연하다.

생애

그의 지적 관심, 특히 현대 행정에 영향을 미친 관심에 대해 고찰하기에 앞서 1912년 이전의 그의 생애를 간단히 살펴보자. Virginia의 Staunton에서 유명한 장로교회 목사의 아들로 태어나 소년 시절에 Georgia, South Carolina 그리고 North Carolina로 이사를 다녔다. 그의 가족은 비교적 잘 살았고 남북전쟁 기간 중에도 그랬다.

유년기 동안은 주로 가정에서 교육을 받았고 16세에 Davidson College에 입학했다. 그 학교는 1년만 다녔다. 1875년에 그때는 the College of New Jersey대학이었던 Princeton대학에 입학했다. 거기에서 탁월한 학생활동을 했으며 혼자서 역사와 정치 그리고 문학에 관해 폭넓게 독서했다. 공식적인 기율을 충실히 잘 지켰으며 중상 정도의 학급 성적에 그쳤고 107명 학급에서 38등으로 졸업했다. 그렇지만 1879년에 그의 첫 연작 논문을 발표했고, 내각제 정부에 관해서는 일찍이 무질서해진 미국의 권력 분립에 비교해, 영국의회의 정치적 일체성에 크게 감화되어 있었다. 그는 대학 시절에 쉬지 않고 글을 썼고 Princeton대학에 들어오기 전부터 한 종교잡지에 글을 발표해 왔다. 그는 Princeton대학에서 대학 신문 편집장이 되었다. 그는 또한 열성적인 대중연설가였으며 그것을 정치적 재능의 요체로 보았다. 그는 문학 및 토론회를 조직하는데 힘을 모았으며 곧 연사로 초빙되었다.

법률을 정치의 초석으로 생각해 그는 Virginia대학 법과대학에 입학하고 거기에서 1년 반 동안 수학 했다. 그러나 건강이 안 좋아 그 만큼의 기간을 쉬게 되었으며 쉬는 동안 그가 좋아하는 사회과학과 문학을 집중적으로 탐독했다. 그리고 Arthur Link가 *Woodrow Wilson : 위인 훈련(1963:20)*에서 말하고 있듯이 "젊은 여인을 부질없이 쫓아 다녔다." 그는 친밀한 사교를 즐겼으며 그것이 그의 생활의 대부분이었다.

건강을 회복한 뒤 Atlanta에서 법률 실무활동을 하기로 결심 했으나 그것이 싫어졌다. 그것은 역시 독서와 사색을 위한 시간을 거의 주지 않았으며 열악한 환경만 갖다 주었다. 1883년에 대학원 공부를 하기위해 Johns Hopkins대학에 입학하기로 작정 했고 이에는 그의 약혼녀 Allen Exson의 격려가 있었고 그녀와 1885년에 결혼했다. 그는 자신이 미국에서 사회과학에 관한 대학원 공부를 할 수 있는 최상의 여건 속에 있음을 알았다. 저명한 역사가이고 교수인 Henry Baxter Adams가 그의 지도교수가 되었고 그 때에 벌써 Adams가 예측한 위대한 학자의 움을 틔우고 있었다. 그는 뒷날 *의회 정부론(Congressional Government)*이 된 집필을 계속했다. 그것이 1885년에 출판되어 곧바로 성공했으며 그를 29세의 나이에 일약 미국 정치학자의 제일선에 올려놓았다. 이 책은 Johns Hopkins대학에서 박사 논문과 동일한 것으로 받아들여졌고 특별 면제를 받아 구술시험만 거쳐 1886년에 박사학위를 받게 했다.

그런가하면 박사학위가 없이도 Bryn Mawr대학으로부터 조교수 자리를 제의 받아 그 대학에서 1885년부터 1888년까지 가르쳤다. 이때부터 1886년에 있었던 Cornell 대학에서의 강연에 초빙되었고 그것이 1887년의 논문 "행정의 연구"로 나타났다. Wesleyan대학에서 1888년부터 1890년 사이에 일반적으로 미국 최초의 비교정부론 교과서로 여기는 *국가론(The State)*을 출판했다. 이 책은 그가 개발하고 있던 행정학 강의에 관한 자료를 담고 있으며 그 강의는 1888년 Johns Hopkins 대학에서 시작되었고 그는 그 학교에서 10년 동안 1년에 5주 강의하는 초빙강사직을 맡게 되었었다.

학부 시절부터 그는 Princeton대학 사랑에 빠져 있었다. 고대하던 정교수에의 기대가 1890년에 이루어졌다. 그 대학에서 교수로서 1902년까지, 이어서 총장으로서 1910년 사직 때까지 장구한 일연의 학술작업, 특히 *분업과 통합*(*Division and Reunion*)(1893), *미국인의 역사*(*History of American People*)(1902), *미국의 입헌 정부*(*Constitutional Government in the United States*)(1908)를 완성했다. 그는 또한 대중 잡지와 학술잡지에도 많은 글을 썼다.

Princeton대학의 총장, 1910년부터 1912년까지의 New Jersey 주지사 그리고 미국대통령으로서의 성공적이면서도 도전적인(demanding) 그의 생활에 대한 보다 상세한 것은 제5장 Henry Turner의 논문 "행정가로서의 Woodrow Wilson"에서 알아 볼 수 있다.

지적 관심

이 책에서 Wilson의 다양한 학문적 추구를 모두다 고찰 할 수는 없다. 그렇지만 행정학의 입장에서, 그의 몇 가지 중요한 지적 관심사와 그것들이 행정에 미친 몇 가지 중요한 영향을 이해하는 것은 중요하다.

그에 관한 연구에서 중심이 되는 것은 제3장에서 David Marion이 말하는 미국 정부 발달에 대한 Wilson식 "역사적" 접근법이다. 그 장의 편집자 주에서 그 점을 보다 온전히 개관할 것이다. 여기에서는 Johns Hopkins대학에서의 저작을 통해 Wilson이 현대 미국 민주주의의 최종 발달 단계는 당시에 나라의 민주주의를 반응적이고 능률적으로 만들어 줄 수 있는 전문 행정 기구를 개발하는 것이라고 믿고 있었다는 것을 말하는 것으로 충분하다. 그는 인사 개혁운동을 도덕적 의미에서도 기술적 의미에서도 유능한 인재를 배출해내는 것으로 보았다. 열렬한 인사 개혁가를 공평한 기준에서 임명하는 것이다. 그것이 첫 단계이다. 이후 필요한 것은 좋은 방법과 조직이었다.

Wilson의 생각 속에는 독일과 불란서의 맥락이 있다. 전자는 그가 Johns Hopkins대학에서 독일어를 배우고 독일어 문헌을 포괄적으로 섭렵할 수 있었던 데서 터득 되었다. 대부분의 그의 교수들이 독일에서 수학 했던바, 19세기 중반에는 독일의 대학원 교육이 미국의 대학원 교육보다 훨씬 앞서 있었다. 그는 독일의 정치학 문헌을, 특히 Prussia 정치학자 Lorenz von Stein을 비롯해 Hegel의 저술, Bluntschli와 그 밖의 많은 사람들을 통해 두루 섭렵했다. 그는 또한 명석한 Baron vom Stein의 후원 아래서 Napoleon 치하의 Prussia의 훨씬 앞선 관료제와 시정 개혁도 읽은 것이 틀림없다.

우리는 독일에 대해서는 Wilson이 특히 그의 후기 강좌에서 행정을 통해 보여준 것과 같은 많은 내용들뿐만 아니라 세 가지 다른 개념을 추적할 수 있다. 그의 역사 전개와 발전의 주기에 대한 개념은 Hegel에서 연원되었다. 그의 논문에서 이제 "헌법을 만드는 것보다 그것을 운영하는 것이 더 어려울 것이다"고 말하는 데서 보는 것과 같이 현대사회에서 행정의 우위가 닦아 오고 있다는 그의 생각은 부분적으로는 그의 독일적인 원천에서 영향 받은 것이다. 마지막으로 그 앞에 놓인 상당히 자율적인 Prussia와 독일의 관료제 모형과 더불어, —미로 속 같은 19세기 독일의 사회사상에 대한 당시의 상당한 미숙함에서 비롯된 Bluntschli에 대한 오해(이 글 끝의 주를 볼 것)를 종합해 보면— 정치와 행정 이원론에 대한 생각은 그 기원이 독일임을 쉽게 알 수 있다.

현대 사회에서의 행정의 중요성에 대한 Wilson의 주장을 우리는 인정한다. 그러나 미국의 헌정제도 속에서 그가 말하는 넷째 단계(행정)를 어떻게 실천할 것인가 하는 것이 Wilson을 10년 이상 골몰하게 했다. 문제는 바로 그가 1885년 *의회 정부론*(*Congressional Government*)에서 보고하고 있듯이 미국의 중앙 정부 기구, 특히 대통령 부(presidency)는 행정체제를 효과적으로 육성 혹은 관리하기 위해서는 잘 못 설계되었다고 느끼고 있다는 것이다. 여기에서 그는 영국과의 연결로 들어간다.

시간적으로 보면 실제로 영국과의 연결은 독일과의 관계보다 앞선다. 사물에 대한 그의 감정은 일부 그의 영국 조상으로 거슬러 올라간다. 어린애로서 영국 문학에 안내되어 그는 그것 이외의 다른 이야기를 읽을 기회가 적었다. 영국의 정치 연설가 Gladstone, Burke, Bright, Cobden그리고 다른 사람들이 그의 본보기였다. 청년시절에는 그의 책상에 Gladstone의 사진을 놓아두었다. Princeton대학 재학 시에 Walter Bagehot의 유명한 *영국 헌법론*(*The English Constitution*)(1867, 개정 1872)을 발견하고 나서 그것에 입각해 "미국에서의 내각제 정부"(1879)에 관한 그의 첫 진지한 학술 발표를 했다. 그는 다시 미국에 의원 내각제를 명시적으로 추천하지는 않았다. 그러나 젊어서부터 그리고 그 이후에도 그것을 추구했음을 미루어 볼 수 있다. 그것은 말 그대로 대단히 논리적이다. 의회 의원을 선출하고 거기에서 내각과 수상을 뽑고 입법부와 행정부간의 긴밀한 일체화를 통해 정당으로부터 중립적이고, 전문적인 행정 기구를 지휘하고 책임 지운다.

이에 비해 미국 제도의 현실은 매우 번잡하다. 그리하여 대강 1880년부터 10년 이상을 Bagehot을 빌어 미국의 권력 분립제도를 계속해서 비판 했다. 미국의 권력 분립은 입법부는 강력하지만 분산되어 있고 무책임하며, 대통령 부는 유능한 사람에게는 취약하고 매력이 없어 보이며 정당제도는 부패한 정실주의를 극복할 수 없는 것으로 특징 지워졌다. 어떻게 그의 현대적 행정이 서로 상처를 입지 않고 그와 같이 무조직적이고 투쟁적인 제도와 조화를 이룩할 수 있을까?

1887년 그의 논문을 발표하던 무렵 Wilson은 행정을 재활성화 시킴으로써 대통령 부를 소생시킬 수 있다는 희망을 갖기 시작 했다. 이렇게 생각을 바꾼 것은 Grover Cleveland의 첫 임기동안의 업적에 영향 받았기 때문 일 것이다. 시간이 지남에 따라 Wilson은 더욱 더 행정이 미국에서 쾌적한 보금자리를 찾기 바랐다. 이러한 경향에 대해서는 제4장 Johns Hopkins에서 행한 강의에 대한 Burt-Way의 평석에서 볼 수 있다. 그건 그렇다고 하고 도시 정부의 개혁을 위해 새로운 정부 기구를 제시하기에 이르렀을 때 강력한 관리 집행부를 구상하기보다는 도시문제의 행정 책임을 맡은 —대강 비유컨대 영국의 내각제와 같은— 위원회 형태의 동료적 집행부를 더 선호 했던 것 같다. 한참 뒤에 대학 총장, 주지사, 그리고 나라의 대통령으로서 Wilson은 자기 자신을 학 처장들 및 각료들과는 아니었을지 몰라도 정부 기구(governing bodies)와 입법부와는, 지극히 동료적인 일종의 수상으로 생각했음이 분명하다.

1887년 논문이 만족스럽지 못한 한 가지 이유는 Wilson이 약간 능률적인 행정 장치를 제도적인 구도의 어디에 어떻게 바로 짜 맞추어 넣을 것인가를 놓고 오락가락 했기 때문이다. 미국의 권력 분립과 그에 덧붙인 독일과의 연계는 Wilson으로 하여금 정치와 행정의 분리를 지향하도록 했을 것이다. 권력이 통합된 영국의 예는 정 반대 지점에 놓여 있었다. 그의 타고난 탁월한 감각은 그를 가끔은 중용을 취하게 했다.

미국의 제도 안에 능률적인 행정수단을 마련하는 것으로 성이 차지 않은 듯 Wilson은 계속해서 그가 말하는 미국정치 발전의 제4단계를 실행하는 또 다른 어려운 일을 대처하고 있었다. 그것은 대단한 미국대중의 여론을 어떻게 움직여 미국이 일 세기에 걸쳐 또 세 번의 전쟁을 치루고 얻은 소중하게 간직해온 개인의 자유에 심각한 훼손을 주거나 아니면 마찰할 수도 있는 능률적인 행정 체제를 원하도록 할 것인가? 하는 것이다. 1887년 논문을 보아도 그 논문과 이어지는 행정에 관한 그의 강의에서도 Wilson을 분명히 난처하게 했던 마지막 이면서 조금도 두드러지지 않은 애로 사항인 그 문제를 어떻게 풀 것인가가 불확실하다. 이 애로와 Wilson의 관계에 관한 흥미 있고 인상적인 분석은 역시 Marion이 쓴 3장에서 볼 수 있다.

행정 책임자로서 그의 마지막 소임을 맡으려고 할 때에는, 우리는 단지 그가 전에 가지고 있던 행정 지도력에 관한 그의 이론들이 임무 수행에 약간의 영향은 미쳤지만, 실제로 소임을 맡았을 때는 자신이 주장했던 이론은 외면하고 철저하게 자신의 집요하고 강력한 자아를 휘둘렀다고 말할 수밖에 없다.

우리는 Woodrow Wilson이 이론가로서 또 행정 인으로서 미국행정에 기여한 것이 무엇이라고 말할 수 있을까? 누구도 전에 해내지 못한 것을 Larry Walker가 제6장에서 정리하고 있다.

문헌 소개

Woodrow Wilson의 생애와 시대에 관한 개관은 Wilson 자서전의 선두주자 Arthur S. Link의 *Woodrow Wilson* (New York: World Publishing Co., 1963)을 볼 것. Link가 엮은 *Woodrow Wilson : 생애와 편력* (New York: Hill and Wang, 1968)은 그의 생애의 여러 시기에 Wilson을 잘 알았던 사람들이 전하는 일련의 일화들을 보여 준다.

Wilson의 정치사상 전체에 관해서는 역시 Princeton대학에서 Link의 편집으로 간행 되었던 *Woodrow Wilson에 관한 논문집(Papers of Woodrow Wilson)*의 추록본인 Niels A. Thorsen의 탁월하고 독창적인 연구서 *Woodrow Wilson의 정치사상(The Political Thought of Woodrow Wilson) 1875-1910* (Princeton, NJ: Princeton University Press, 1988)을 볼 것. 특히 Thorsen이 쓴 제6장 "미국에서의 행정의 정당화(Legitimizing Administration in America)"를 볼 것.

Woodrow Wilson의 고차적 실재 (The Higher Realism of Woodrow Wilson) (Nashville, TN: Vanderbilt University Press, 1971)라는 제목의 Link의 논문집 제3장 "Wilson과 행정연구 (Woodrow Wilson and Study of Administration)" 38-44는, 편집자 자신의 견해에 입각해, 1887년의 Wilson의 논문을 소개하고 있다. 1887년의 논문에 관한 가장 깊이 있는 비판적 검토는 Kent A. Kirwan의 "행정 연구의 정체성 위기: Wilson의 경우 (The Crisis of Identity in the Study of Public Administration: Woodrow Wilson)" *Polity, 9* (1977), 321-4를 볼 것. 그 논문과 그에 더한 행정에 관한 Wilson 사상의 다른 국면들에 관한 보다 다양한 분석은 Rabin James S. Bowman이 편집한 17편의 논문 총서인 *정치와 행정: Woodrow Wilson과 미국 행정(Politics and Administration: Woodrow Wilson and American Public Administration)* (New York: Marcel Dekker, Inc., 1984)을 볼 것. Wilson의 독일 연관은 이 위에서 거론한 Rabin-Bowman의 책 제1장에 Robert D. Miewald가 쓴 "Wilson사상의 뿌리: 독일 전통과 조직 국가(The Origins of Wilson's Thought)"가 잘 다루고 있다. Wilson의

유산에 관한 보다 어두운 견해는 Daniel Martin의 "사라져 가는 Wilson의 유산(The Fading Legacy of Woodrow Wilson)", *Public Administration Review*, 48(3/4 1988), 631-36을 볼 것.

교수와 학생은 Henry W. Bragdon이 "*Woodrow Wilson의 학문 시대(Woodrow Wilson: The Academic Years)* (Cambridge, MA: Harvard University Press, 1967)에서 묘사한 몇몇 19세기에 유명했던 대학에서의 학문 활동을 즐길 수 있을 것이다. Bragman은 또한 Wilson에 미친 영국의 영향을 밝히고 있다. 다른 참고 사항에 대해서는 여기에 실린 주석을 볼 것.

1880년대의 행정사상

____Paul P. Van Riper

편집자 주

이 장은 Woodrow Wilson의 행정에 관한 첫 논문의 역사 무대를 제시한다. 이 논문은 제2장에서 1887년에 씌어진 "행정의 연구"로 이어 진다. Wilson은 많은 그 당대의 학자들처럼 독일과 영국 지식의 영향을 받은 것으로 잘 알려져 있다. 그렇다면 미국과는, 특히 행정이라는 주제에 관해서는, 어떤 관계를 갖고 있는가?

이용 가능한 몇 가지 행정역사도 1880년대에 대해서는 크게 주목하지 않고 있으며 Woodrow Wilson에 대해서는 훨씬 적게 주목하고 있다. 이 장은 제도적인 경계를 넘나들고, Wilson 당시의 여러 가지 유형의 행정문헌 속에 뚜렷하게 나타난 행정사상 보다 앞선 10년의 중요한 경향에 관심을 집중한다.

이 글은 당시에 유용했던 행정에 관한 글, 그 필자들 그리고 Woodrow Wilson이 도발적인 논문을 썼던 당시에 그와 연결된 것으로 알려진 것들을 고찰한다. 몇 가지 보다 깊은 배경은, 특히 정치적인 배경은 제6장 Larry Walker의 논문에서 볼 수 있다.

Texas A&M대학 정치학과 명예 교수인 Van Riper는 학과장을 역임하고 MPA과정을 이끌었다. 그는 Cornell대학과 Northwestern대학에서 가르쳤고 Michigan, Chicago, Indiana, Oklahoma, Utha 그리고 Scotland의 Strathclyde 대학의 초빙교수를 역임했다. 그는 2차 세계대전에 종군 했으며 육군 소령까지 진급했었다. 한국전쟁 동안에 그는 육군 작전 통제소의 민간인 관리 분석 사였다. 그는 미국 인사행정사와 현실정치 요람을 저술했고 *미 연방 집행부*의 공동저자이고 전문 잡지에 많은 기고를 한다. ASPA의 창립회원이다.

■ 지적 배경을 묘사하는 것은 어렵다. 그렇지만 우리는 부분적으로는 Wilson 자신으로부터 그의 유명한 논문 "행정의 연구"1) 가 두 세 가지 면에서 독일 정치학의 지원을 받았다는 것을 알 수 있다. 그 논문 속에 있는 단 두 개의 각주 가운데 하나에서 그는 독일과 스위스의 탁월한 정치학자인 Bluntschli를 참고하고 있다. Bluntschli의 장서 모두는 Wilson이 대학원 공부를 시작하기 1년 전인 1882년에 Johns Hopkins 대학에 기증되었다. 그는 독일어를 배웠고 그 도서관에서 많은 연구를 했다. 그 논문에는 영국과 연관된 것도 하나 들어 있다. 그의 두 번째 각주는 Bagehot을 인용한 것이다.

그러면 미국과의 관계는 어떤 것이 있는가? 몇 가지 있는 것이 사실이다. 그러나 그것들을 적절히 자리매김 하려면 19세기 중 후반의 미국 행정 사상의 일반 경향을 고찰할 필요가 있다. 미국의 행정 사상은 1880년대에 이르러서야 오늘의 의미로 알아 볼 수 있게 발달되기 시작했다.

미국 문화의 지배적인 특성 가운데 하나가 이러한 전개 과정의 추적을 어렵게 하고 있다. 대부분의 미국인은 실용주의자로 이론을 잘 용인하지 않고, 우리가 하는 것을 왜, 어떻게, 해서 그렇게 하는가를 설명하는 자질이 많지 않다. 확실히 저술하는 자질은 좋지 않다. 예를 들어, 영국과 비교하면 19세기의 공무원에 관한 것에서부터 정부의 어떤 국면에 관해서도 사려 깊게 저술한 것이 거의 없다. 2차 세계 대전 이후 까지도 상황이 크게 개선되지 않았다. 실업계의 지도자들

1) *Political Science Quarterly*, 2 (June 1987), 197-222.

도 마찬가지로 거의가 과묵했다. 정치인들은 조금 나았다. 그러나 그들의 주된 관심사는 정치적인 것이었지 행정적인 것이 아니었다. 그렇기 때문에 몇 가지 점에서 우리는 "현장에 있었다"라고 주장 할 수 없는 최근의 저자들이 써놓은 실적물에서 끌어내는 연역에 의존해야만 한다. 이 글에서 행정과 관리라는 용어는 동의어로 쓰인다는 것 또한 지적한다.

1880년 이전

1850년대까지는 철도회사들이 미국에서 가장 큰 규모의 민간 조직체를 이룩하고 있었다. 그래서 철도회사들이 처음으로 현대적 행정 구조를 지향했다는 것이 놀랍지 않은 일이다. 여기에 두 분석가가 두드러지게 나타난다. 첫째는 Henry Varnum Poor로 1849년부터 1862년까지 「*미국 철도지(the American Railroad Journal)*」의 편집인을 지냈고 남북 전쟁(Civil War) 후엔 관리 정보와 안내를 제공해 주는 철도 편람의 편집인을 지냈다. 그의 잡지는 그 당시에 정기 간행되는 최고의 기업 잡지로 널리 인정받았다.

Poor가 주장하는 철도 관리 —조직(신중한 분업), 의사소통(훌륭한 운영과 재정보고) 그리고 정보(분석과 환류)— 에 관해 주장하는 수많은 중심 관리 개념은 Daniel C. McCallum의 저술에서 유래되었다. 그는 1850년대에 Erie선 철도의 총 지배인으로 첫 명성을 얻었으며 특히 철도 연감에서 그의 비중 있는 서술과 설명에서 명성을 얻었다. 명령의 연쇄와 권한과 책임의 상응 그리고 일일 보고와 점검 체계는 재정적 약탈자 Daniel Drew가 그 회사를 인수하기 전까지는 Erie에게 훌륭한 경영을 한다는 명성을 안겨준 그의 체계의 초석이었다.

McCallum은 또한 조직 도표의 시조로 알려 질만하다. 그는 1885년 5개 운영 국에 7개 부서가 딸린 체계에서 통제와 보고 계통을 펼쳐 보이는 일연의 복잡한 공식 도표를 출간했다. 그는 1857년 Erie에서 물러 나왔지만 그의 업적이 Lincoln 대통령의 국방비서 Edwin M. Stanton의 귀에 알려 졌다. Stanton은 McCallum을 군대에 끌어 들여 정부가 인수한 철도의 관리를 돕도록 했다. McCallum은 소장으로 제대했으며 그의 가장 두드러진 군사 병참 업적은 Atlanta까지의 Sherman 행군에 단선 철로로 100량의 철도 화물을 매일 360마일이 넘게 공급했고, 10만 명의 인원과 6만 마리의 동물을 고용했던 것이다. Poor와 McCallum[2] 두 사람의 저술은, 후자의 성공적인 운영 사례와 더불어, 남북 전쟁 전과 직후에 그들 산업의 성장에 주된 영향을 미쳤다. 경영사학자 Alfred D. Chandler, Jr.,는 1880년대의 Pennsylvania 철도를 "부처 조직에서의 계선과 막료의 개념을 완전하게 구사한 최초의 미국 기업"이라고 기술했다.[3]

---

2) Poor와 McCallum에 대해서는 Daniel A. Wren의 *The Evolution of Management Thought* (New York: Ronald Press Co, 1972), 85-92 을 볼 것.

3) *Strategy and Structure*(New York: Doubleday, 1966), 46.

두 가지 중요하면서도 제한된 기능이 남북 전쟁 이후의 몇 년 사이에 역시 주된 추진력을 가졌다. 이 무렵에 15세기의 발명품 Pacioli의 복식 부기가 보고와 통제를 위한 현대 회계 제도로 급속히 변모되고 있었고, 원가 회계와 원가 예산 실험이 기업에서 검증되고 있었다.

공공 분야에서는 새로운 인사행정 방법인 실적제가 1870년대 초기 Grant 대통령의 후원 아래 처음으로 검증 받고 있었다. 실험은 오래지 않아 끝났지만 급속히 성장한 행정 개혁 운동은 곧 바로 현대 행정 국가에 필수적인 인사 절차와 전문화의 기반을 닦았다. 이 운동을 다시 잠깐 살필 것이다. 왜냐하면 그 운동이 곧 바로 Woodrow Wilson의 일부 관심과 지원을 이끌었고 그의 저술과 공직 생활에 영향을 미쳤기 때문이다.

1880년대 — 군대

이 기간에 대한 논의는 (1) 제복 입은 군인, (2) 기업, (3) 주 정부와 지방 정부, (4) 연방 위주의 일반 공공 행정에 관해 네 절로 나누어 전개된다. 다시 말해 그 당시에는 네 가지의 매우 다른 행정 사상의 조류가 있었다. 그것들 모두는 1880년대와 그 이후 동안에도 각각 서로에게 영향을 미치지 않았다.

남북 전쟁이 그 규모와 기간 때문에 행정 사상에 영향을 미쳤다고 해도 놀라운 일이 아니다. 기업과 정부 공공 행정에는 계선과 막료, 특히 일반 막료 개념의 중요성이 간접적이었고 뒤늦게 나타났다. 특히 미 육군의 존재 의의와 조직에 관계되는 미국의 제복 입은 군대 내에서의 사고에 심대한 영향을 또한 미쳤다. 그러나 지상 병력의 구조에 관한 우리의 사고를 완전히 다시 방향 잡게 하는 군사 관계 저술들은 거의 전적으로 한 사람 Emory Upton[4)]의 작품이었다.

Upton은 1861년 West Point를 졸업했고 45명 학급에서 8등이었다. 그는 즉시 소위에 임관되었고 이어서 8일 뒤에 중위로 승진했다. 그는 대부분의 분쟁에 적극 참여했고, 보병 부대, 포병 부대 그리고 기갑 부대에서 성공적으로 복무했다. 그는 25세에 기갑 사단을 지휘하는 명예 소장으로 진급해 제대했으며 용맹성, 능력 그리고 돌격 작전에서의 새로운 지상 전술 접근법으로 명성이 자자했다.

그는 전후 West Point에 배속되어 보병 전술을 1867년 국방부(War department)가 인정하고 남은 반세기 동안 지침으로 사용되었던 체계로 바꾸었다. 그는 도구와 같이 포병과 기갑 전술을 조화시키도록 재설계를 잘했다. 그 두 전술은 모두 1875년에 인정되었다. 1875-76년간에 General William T. Sherman호를 지휘하면서 세계 유람을 했고, 그 후 곧 바로 그 당시 미국의 유일한 군사 대학원, Virginia의 Fortress에 있는 실전 포병학교(Artillery School of Practice)의 원장이 되었다.

1878년 자비 출판한 *아시아와 유럽의 군대(The Armies of*

4) Stephen E. Ambrose, *Upton and the Army* (Baton Rouge :Louisiana State University Press, 1964)를 볼 것.

*Asia and Europe)*라는 책에서 외국 군대의 원리와 실제를 분석해 냈다. 그 책은 평판이 좋았으며 1870년대 하반기에 이뤄진 의회의 중요 조사 대상으로 주목을 받았다. 그 책은 군대의 개혁을 목표로 한 것으로 미국에 불란서와 독일과 똑 같은 현대전 제도(modern warfare)를 마련하고자 했던 것이다. 그런데 시대의 뜻은 그와 반대였다. 개편은 끝 나가고 있었고 대부분의 미국인들은 군대의 중요성이 감소하고 있다고 보아 주로 작은 단위로, 국경을 순찰하는데 쓸 수 있는 부대를 유지하면 된다고 보았다. 의회는 군대를 25,000명으로 감축하고 많은 관심을 가질 필요가 없으며 더 이상의 개편도 없다고 결론지었던 것이다. 엄청나게 실망한 Upton은 신문기사와 서신을 통해 운동을 계속했으며 *미국의 군사 정책(The Military Policy of the United States)*의 연구라는 그의 가장 중요한 작품이 된 저술을 쓰기 시작했다. 그것은 1881년에 완성되었으며 그 때 그는 건강이 안 좋았고 Sherman과 Garfield같은 거물급 인사들의 사적인 후원에도 불구하고 그의 군사개혁 노력이 실패한 것에 대한 실망 때문에 California 그의 집무실 책상에서 연발 권총으로 자살했다. 그는 고작 41세였다.

그의 유고가 있음이 알려 졌고 —예를 들어, Sherman은 몇 개장을 읽고 강하게 찬동했으며— 출판 요구들이 있었다. 자신의 죽음이라는 사건 속에서, Upton은 자기 원고를 가장 친한 친구이고 West Point의 동창이고 전술의 공동 연구자였던 Colonel Henry A. du Pont에게 주도록 지시했다. 그는 당시 군대에서 은퇴하고 자기 가족 회사인 E. I. du Pont 회사에

몰두하고 있었다. Du Pont은 또한 Wilmington과 Northern Railroad 철도의 사장 겸 관리자였다.

Du Pont은 원고를 간간이 살필 수밖에 없었지만 많은 출판 요구에도 불구하고 그 연구가 미완성인 채로 출판하는 것을 거절했다. 그럼에도 불구하고 일부의 필사본이 다음 20여 년 동안 돌아 다녔다. Upton의 저술은 마침내 1900년 경 Elihu Root의 관심을 끌게 되었다. 당시에 그는 국방 장관으로 스페인 대 미국의 전쟁에서의 병참의 대 실패 후 군대의 개혁에 이용할 개념을 찾고 있었다. 그는 마침내 필사본 하나를 발견하고 크게 감화되어 1904년, 실제로는 Upton과 du Pont이 남겨 놓은 그대로, 정부 문서로 출판하도록 했다. 그 때에 이르러서야 Upton이 간직했던 꿈이 대체적으로 실현되었다.

그 꿈들은 어떤 것이었던가? 1903년 Washington에 있는 육군 대학(the Army War College) 건물 기공식에서 행한 연설에서 Root는 다음과 같이 요약하고 있다:5)

> 4반세기도 더 지난 뒤에, 그리고 그가 돌아가신 후 오랜 뒤에 그렇듯 긴 안목을 가진 통찰력의 쉼 없는 노력이 결실을 맺어, 다른 사람들이 그가 다루었던 바로 그 문제를 다루어내 마침내 그의 결론이 건전하고 현명했다는 것을 발견하고 그것이 효과를 내기에 이르렀다. Upton이 오늘에 살아 있다면

5) (Washington: U. S. Government Printing Office, 4th impression, 1917), Ⅳ.

여전히 육군의 활동 항목에 관해 그가 주장해 왔던 일대 개혁이 모두 실제적으로 이루어 진 것을 볼 수 있었을 것이다. 3개 포병 대대 체제, 계선과 막료의 상호 교류, 승진 심사, 그리고 현 의회의 지혜를 얻어 지금은 정착된 일반 막료, 그리고 완벽한 군사 교육체제는 우리가 오늘 그 초석을 놓는 이 건물에 영원한 본부를 둔 통솔 속에서 이루어질 것이다.

기업 관리

남북 전쟁의 다른 두 가지 유산이 특히 기업에서 행정과 관리의 새로운 개념을 또한 개발 시켰다. 전쟁을 경험한 결과 수많은 미국인들이 대규모 조직의 필요성을 익히 알았고, 관료제적 방식을 경험했고, 조직과 의사소통 체계의 조화의 중요성을 배웠다. 철도 이외의 많은 기업들이, 빠르고 탄탄히, 군대 조직의 규모와 복잡성에 버금가게 성장함으로써, 거의 저물어가던 세기의 전환점을 지나고 나서야 완전히 그러한 경험의 결과가 저절로 나타나긴 했지만, Henry A. du Pont 자신은 그 점을 구체적으로 경험했던 사람이다.

그와 더불어 남북 전쟁은 산업 특히 제조업을 확산 시켰다. 재건운동(Reconstruction)과 1878년의 경기 침체 후 산업이 도약했다. 대규모의 대량 생산의 요구는 작업 현장의 관리를 고려하게 되었고 그리하여 1880년대 중반에 과학적 관리가 시작되었다. 두 사람이 우선적으로 공적이 있고, 훗날 Frederick W. Taylor까지도 그 두 사람에게 큰 빚을 졌다고 인정했다. 그들은 병기 제조창 출신의 Henry Metcalfe와 기업 제조

공장 출신의 Henry R. Towne이었다.

Metcalfe의 기여는 1885년 그의 책, *공 사 부문에서의 제조 원가와 작업장 관리(The Cost of Manufactures and the Administration of Workshops, Public and Private)*의 출판으로 나타났다. 그의 경험은 육군 장교와 West Point 졸업생으로서 계속된 the Frankford와 Benecia 그리고 Watervliet Arsenals 병기창 근무에서 얻은 것이다. 그 사람과 Towne는 모두 공장 관리에 우선적인 관심을 가졌고 그들은 또한 보다 포괄적인 의미의 관리의 필요성을 깨달았다.

Metcalfe의 책 서문 세 번째 문단에서 "병기 공작창과 다른 작업장의 관리는 대부분 기술(art)이고 어떤 원리들을 많은 구체적인 사례에 응용하는데 달려 있고 그것이 결국 관리 과학이라는 것을 이룩한다"는 것을 읽을 수 있다. 곧 이어서 그는 "관리 기술(art of administration)과 유사한 과학이 있어야 한다면 그것은, 다른 모든 물질과학에서와 마찬가지로, 비교 관찰의 축적 위에 정립되어져야만 할 것이다[6)]"고 부언하고 있다. 그 책의 나머지 부분은 전통적인, 매우 유명한 Tailor의 과학적 관리의 면면들에 할애되었고, 작업장의 욕구 해소책을 개발하는데 할애되고 있다.

Towne는 Yale과 Towne의 제조회사 사장으로 1886년 미국 기계기술자 학회에서 "경제인으로서의 기술자"라는 간단한 논문을 발표했다. 그의 주된 주장은 기술자들은 그들의 사

6) Harwood F.Merrill, ed., *Classics in Management* (New York: American Management Assn., 1960), 47과 48을 볼 것.

고와 행위의 폭을 크게 넓혀 경제인과 일반 관리자의 안목까지를 포함해야 한다고 강력히 주장한다. 그는 Metcalfe와 Tailor방식의 새로운 도급제(piece-work system)에 관한 논의를 덧 부치고 이어서 그 학회는 유사한 계통의 논문 작성에 용기를 불어 넣기 위해 위원회를 구성해야 한다고 제안하고 있다. 학회는 그렇게 했다. 그러나 몇 년 동안 별 진전이 없었다.[7)]

1881년 Wharton School이 제조업자 Joseph Wharton의 10만 달러의 기증으로 Philadelphia 펜실바니아 대학에 (University of Pennsylvania)에 창설되었다는 것이 특기할 만하다. 이 학교가 이 계통 학교의 최초이고 17년 동안은 유일한 학교였다.

주 정부와 지방 정부

1880년대에 미국의 주 정부와 지방 정부를 겨냥해 확산되어 가고 있던 개혁 운동은 거의 전적으로 대도시에 집중되었다. 1880년대의 주 정부와 지방 정부의 여건을 이해하기 위해서는 그들의 행정이 얼마나 안 좋았는가를 알아야 한다. 연방 정부가 여전히 행정적으로 집권 화 되어 있는데 비해 대부분의 주 정부와 지방 정부 체제는 위원회에 의한 관리, 투표에 의한 보직(long ballot), 정실제, 그리고 매우 취약한 시장과 주지사로 특징 지워진다. 처음으로 정부기관(governmental entities)이 면밀한 감시 하에 놓이게 했던 대도시의 개

7) *Transactions*, No.207.

혁은 시정 관리인 혹은 강력한 시장, 기능부서의 집권화, 인사제도 개혁 그리고 현대화되고 집권화 된 재무와 회계제도를 낳았다. 이러한 대도시에서의 경험으로부터 재 조직화 현상이 나타나, 후일 주 정부에 적용되었고 마침내는 1차 대전을 바로 전후해서 분산되기 시작해 후에 중앙 정부에까지 적용되었다.

대도시 시정 개혁 운동은 어떤 일반이론에 의해 주도되지 않았다. 일반 이론은 뒤에 등장했다. 그러나 그러한 이론의 많은 요소들은 1880년대에 등장했었고 이따금씩 기록된 논설은 보다 기본적인 틀이 가까이 와 있었다고 제언했었다. 더군다나 어떤 용어들은 현대적인 것으로 들리기 시작했다. 예를 들어 1887년 검사들 Edward P. Allinson과 Boies Penrose (뒤에 상원의원이 됨)이 쓴 “Philadelphia시 정부”의 정치 행정사에 관한 논문은 그러한 용어로 당시 상황을 비판하면서 끝맺고 있다:[8)]

> 그 기간 동안 두 가지 서로 구별되는 노선의 정책이 드나들었다. 권위의 분산으로 인한 폐해에 대한 기억을 시작으로 해서, 시정 조정관과 시장의 큰 권한으로 설명되는 집행 권한과 책임을 집중화 시키려는 아주 두드러진 노력을 되돌아보면서 우리는 그 기간의 후반[세기 중반]에서 여러 협의 위원회에 의한 모든 집행부서의 감독과 통제 기능의 흡수라고 지적되는, 그 정책에 대한 반대가 꾸준히 있어 왔음을 발견하게

8) Johns Hopkins University, *Studies in Historical and Political Science*, Herbert B. Adams, ed., Fifth Series, Nos. Ⅰ과Ⅱ; p.47에서 인용함.

된다. 시장은 또한 점차 집행자로서의 여러 가지 권한과 의무를 박탈당하고 끝내는 오늘날 그가 차지하고 있는 거부권으로 견제도 못하는 단지 경찰의 수장이나 자치공동체의 명목상의 수장으로서의 지위로 물러앉았다.

분명히 유명한 시정 개혁자들 가운데 한 사람인 New York의 Seth Low와 같은 인물들이 있었다. 그러나 너무도 많은 문헌 속에서, 여기에서 상론하기에는 너무 위대하고, 행정 혹은 관리라는 이름 아래 제아무리 잘 부각된 일반 프로그램을 가지고서도 그 방법에서는 Upton이나 Metcalfe를 앞설 수가 없다. 이 운동은 1880년대에 주로 각자가 경찰 업무, 소방, 위생, 도로 건설 등과 같은 단순 기능에 국한된 관심을 갖는 새로운 전문가를 다수 추천하는 일을 추진했다. 제조업이 공장을 찾았듯이 도시들도 그와 상응하는 것을 발견했고 많은 일상적이지만 범위가 한정된 긴급한 문제를 해결하기 위해 애를 썼다.

인사행정

여기 1880년대의 지배적인 운동은 인사(civil service) 개혁이었다. 그것은 모든 수준의 정부에서 나타났었고 역사적인 1883년의 연방 인사법(Pendleton Act)에서 정점에 달했고 급속히 New York, Massachusetts 그리고 많은 도시들로 확산되어 나갔다. 인사 개혁자들의 목표인 실적제의 행정적인 발달에서 특히 중요시되는 두 사람이 있다. 한 사람은 George William Curtis로 *Harper's Weekly*의 유명한 편집인이었고, 1871-75년간의 Grant인사개혁위원회(Grant's Civil Service Commission)의 위원장이었고 또한 1892년 그가 사망할 때까지 전국 인사 개혁 연맹(National Civil Service Reform League)의 창시자이자 위원장이었다. 다른 한 사람은 New York시 검사로 잘 알려진 Dorman B. Eaton으로 Erie Railroad철도의 이사장을 역임했고 다른 개혁 연맹의 창립자이기도 하다. Eaton은 Curtis를 이어 Grant위원회의 위원장을 승계 했으며 그들 둘이서 인사 개혁을 실제로 실천하기 위한 절차를 설계해 냈다. 1883년 그 법안의 통과에 즈음해 Arther대통령은 Eaton을 새로운 인사 위원회(Civil Service Commission) 위원장에 임명했다.

Metcalfe와 Towne처럼 Curtis와 Eaton은 보다 폭넓은 행정 개념이 필요하다는 생각을 갖고 있었다. Eaton은 그의 1870년대 후반과 1880년대 초기의 글에서 여러 차례 행정은 가능한 과학(possible science)이라고 말하고 있으며 적어도 한번은 "행정 원리가 교육의 주제가 되어 본 적이 없었다"고 말하고 있다. 1887년 3월 Rhode Island주 New Port에서 열린 전국인사개혁 연맹 연례 회의에서 행한 대통령 연설에서 "범 영어권 국가 모두에서의 행정 방법의 개선은 시험적이고 점진적인 것으로 전반적인 검토와 이론적인 재구성이라기보다는 변화와 발전의 과정이다[9]"고 말했다. 그러나 Metcalfe와 Towne

9) *Proceedings*(New York: The League, 1887), 29-30.

과 같은 인사 개혁자들은 그 주제에 관해 더 이상 말하지 않았다.

이것이 이야기를 모두가 시민 정부와 그 행정에 관심을 갖고 있는 소집단의 학자들에게로 옮겨가게 한다. 그들 가운데 Woodrow Wilson이 있었다. 그런데 우선 지금 까지 언급한 행정 개혁가들이 Wilson에게 미친 영향은 무엇이라고 말 할 수 있을까? 시정 개혁자들은 그의 후반기 강의에 상당한 영향을 미쳤다. 그러나 Wilson이 McCallum과 Upton, Metcalfe나 Towne의 저술이나 활동에 관한 어떤 지식을 전제로 했다는 근거가 나타나지 않는다. 그가 1887년 전에 그것들을 알았었다면 그의 논문에 예를 들어 조직, 혹은 계선과 막료, 혹은 통제와 조정 등에 관한 보다 많은 행정의 내용을 담을 수 있었을 것이다. 주지하다시피 그의 행정 내용은 그런 점에서 업무 방법(business methods)에 관한 일반적인 고려, 인사행정의 개혁에 엄격히 국한되었고, 그렇기 때문에 불가피하게 정치적인 문제를 주로 그리고 편파적으로 다룰 수밖에 없었다.

그것으로 미루어 그들은 인사 개혁자들이었고 그 집단이 결코 별로 크지 않았다는 것이며 Wilson이 Curtis와 Eaton을 알았으리라는 것이다. Wilson은 그가 대통령 후보로 지명되었을 때 전국인사개혁연맹의 부위원장이었다. 그렇지만 우리는 다음 제5장에서 Walker가 지적하고 있듯이 Wilson이 그의 서재에 1885년까지 행정학의 발달에 관한 논평을 담고 있는 Eaton의 주 저술 한 권을 가지고 있었다는 사실 이외에 Wilson이 그들과 어떤 사적인 관계를 가지고 있었는가에 대

해서는 아무 것도 모른다.[10)]

이점이 행정 특히 공공행정에 역시 관심을 가졌던 Wilson의 내부 회원이라고 이름 지울 수 있는 사람들에게로 논의를 옮겨 놓는다. 우리가 알고 있는 그들과 그는 다소의 친분을 맺고 있었다. 함께 엮으면 그 관계가 자세히 고찰 될 수 있을 것이다.

우선 소개해야 할 사람은 그 유명한 Andrew D. White로 그는 1865년부터 1885년까지 Cornell대학의 공동 설립자로 총장을 지냈고 그 사이에 1879년에서 1881년 동안을 미국의 독일 담당 장관으로 나가 있었다. Wilson과 White의 연결은 Wilson의 논문이 1886년 11월 3일 Cornell대학에서 연설 형태로 발표되어 처음으로 대중의 관심을 끌었다는 사실과 더불어 시작된다. 내가 다른 곳에서도 대강 살핀바 있듯이 관계되는 사건들이 다음과 같이 전개 된다:[11)]

> Morris Bishop은 그의 책 *Cornell 대학사(A History of Cornell)*에서 Wilson은 신설된 대통령 화이트 역사 정치 대학(President White School of History and Political Science)의 학장 후보로 그 대학에 초청되었고 따라서 Wilson은 당시에 Cornell대학 구내에 살고 있었던 White를 강의에 등장시키기로 작정

---

10) *Civil Service in Great Britain*(New York :harpers, 1880). 이 책에서 Eaton이 행정에 관해 몇 가지 간단한 평설을 하고 있다.

11) Paul P. Van Riper, "On Woodrow Wilson" *Administration and Society*, 18(No.4, Feb.1987), 403-404; Sage Publications, Inc. 1987년 판권 소유. Sage Publications, Inc.의 허락을 얻어 재 인쇄함.

했어야만 했을 것이라고 말하고 있다. 실제로 우리는 White의 일기에서 그가 그날 Wilson과 점심을 같이 했으며 뒤에 그 강의에 참석했다는 것을 발견할 수 있다. 불행하게도 White는 그 강의에 대한 좋다 나쁘다의 평을 안 하고 있다. 그러나 더욱 알아보고 싶은 것은 공공 행정과 그 시현 방법에 관한 White자신의 우선적인 관심이다.

첫째 Ely[Richard T., 경제학자]는 그의 자서전에서 White가 독일 담당 장관 재직 시 당시에 독일 학생이었던 Ely에게 White를 대신해서 Berlin시의 행정을 연구해 줄 것을 요구했다고 말하고 있다. Ely는 분명히 그렇게 했고 이 연구의 일부분이 "Berlin 시의 행정"이라는 제목으로 1882년 3월 30일 발행된 *국가지(Nation)*에 발표되었다. 그것은 Wilson이 John Hopkins [그곳은 Ely가 가르치기 시작했던 곳이고 Wilson은 대학원 학생이었다]에서 Ely의 행정학 강의를 듣고 있던 바로 일 이년 뒤의 일이다.

더 나아가 White 자신이 이미 "공공 문제에 직접 관계되는 주제에 관한 고등 교육의 규정(The Provision for Higher Instruction in Subjects Bearing directly on Public Affairs)"에 관해 31면의 긴 보고서를 작성했었다. 이것이 계기가 되어 그가 유럽에 있을 때 1878년 Paris만국박람회의 명예 조정관으로 임명되게 되었고, 박람회에 관한 집중 종합 보고서의 일환으로 1880년 미국 정부 간행물 발간소(U.S. Government Printing Office)에 의해 출판되었다. 그 동안에 White는 대학 개교 3주년을 맞아 1879년 2월 22일 동일한 주제의 논문을 Johns Hopkins 대학에서 발표했다. 그것은 그 뒤 곧 바로 특별기고 논문으로 그 때는 "유럽의 역사 및 정치 학파(European Schools of History and Politics)"의 제목으로 Johns Hopkins대학이 발간하는 *역사학과 정치학 연구*(*Studies in Historical and Political Science*) 1887년 12월 호에 재발표되었다. 이들 두 개의 매우 유사한 논문들은 독일, 오스트리아, 헝가리, 이태리, 불란서 그리고 영국의 유럽대학의 공공행정 훈련 교육과정을 상세히 자세히 다루고 있고 미국에서 유사하게 접근하고 있는 구체적 사례를 길게 들면서 끝맺음하고 있다. 행정의 중요성을 여기저기에서 부각시키고 목표를 지향할 것을 강조한다. 그가 주장하는 바는 Wilson이 주장하는 것과는 전혀 같지 않다. 일부는 비유적으로 일부는 미국인의 욕구와 책임의 본성을 들어, 보다 제한된 "행정(public administration)"보다는 일반적인 "공공 문제(public affairs)"를 위한 새로운 공공서비스(public service)교육 방법을 주장하는 유식하고 경륜 있는 교육자의 주장에 더 가깝다. 나는 입증 할 수는 없지만 Wilson 같이 야심 큰 젊은 조교수가 학장직을 구하고자 하는 새 학교에 그 이름을 따 붙일 유명한 거물과 대결하기에 앞서 행정에 대한 White의 관심을 어느 정도는 알지 않았겠지 않겠는가 하고 생각한다.

동시에 Wilson은 그때 Columbia대학에서 직업을 갖기 시작한 정치학자 Frank J. Goodnow를 만나게 된다. 1880년대 초 그는 행정법 분야를 개척하는 탐색 작업을 시작하고 있었다. 이 주제에 관한 Goodnow의 첫 기고는 너무 늦게 Wilson이 Cornell 대학에서 연설을 한 뒤, *계간 정치학*(*Political Science Quarterly*) 1권, 1886년 12월 호에 등장해 Wilson의 연설에도 논문에도 영향을 주지 못 했다. Wilson과 Goodnow의 개인적인 관계에 관한 조그마한 증거도 없지만 그들은 서로가 서로를 틀림없이 잘 알았을 것이다. 어떻든 Edwin R. A. Seligman이, 편집자로서, Wilson의 논문을 게재하기로 받아들였을 때 Goodnow는 *PSQ*의 편집 위원이었다. 그럼에도 불구하고 Goodnow는 우리가 가장 기대할 수 있는 곳, 그가 1900년에 발표한 고전적 연구 *정치와 행정*(*Politics and Administration*)에서 그 논문을 논급하지 않았다. Wilson또한 그의 저술에서 Goodnow의 저술에 대한 관심을 나타내지 않고 있다. Walker의 말대로 있을 수 있는 "비우호적인 경쟁관계"에 대한 보다 자세한 것은 6장 뒷부분에서 보기 바란다. Walker 또한 이 내부 동아리에 Pennsylvania대학의 행 재정 교수 Edmund J. James를 추가한다.

그 동안 행정이라는 용어를 담은 강좌가, 그 제목이든 혹은 그것을 내용으로 기술한 것이든, Wilson에 의해 연속적으로 Bryn Mawr대학과 Wesleyan and Princeton대학에서 개설되었고 그 외의 다른 사람들이 힘을 더해 Johns Hopkins대학 Cornell대학, Columbia대학, Michigan대학, Pennsylvania대학에서 가르쳐 졌다. 그와 더불어 미 Cockrell 상원 위원회(U.S. Senate's Cockrell Committee)가 1887년부터 1889년 사이에 부처별 업무에 관한 수많은 요구를 함으로써 Washington에 있는 행정 단지를 바쁘게 휘 젔고 있었다.

결론

이 모든 것들은 우리를 어디에 남겨 두고 있는가? 첫째 행정은 분명히 1880년대의 수많은 관리 집단과 지식 집단 안에 매력적인 논의의 주제를 제공했다. 젊은 대학원 학생이고 20대 후반과 30대 초반에 교수를 했던 Wilson은 그것을 들었을 때 좋은 것을 알았고 그의 1887년 논문을 통해 행정학이라는 새로운 분야를 혁혁하게 창의적으로 개척했다.

둘째, Wilson이 1880년대의 일반적인 행정 사상 덕택으로 그의 논문을 새로운 방향으로, 독특하면서도 가끔은 미국과 영국 그리고 독일의 영향을 어리둥절하게 조합하는 방향으로 도약시키고 있는 것 또한 분명하다. 특히 눈에 띄는 것은 그 논문이 인사 개혁이 행정에 주는 의미와 권력 분립 그리고 정당으로부터의 중립성 및 민주적 책임을 다루고 있다는 점이다. 이 모든 주제들이 지금도 여전히 중요한 의미를 지니고 있다. 행정에 관한 이들 그리고 다른 많은 면들을 그 가 1890년 Johns Hopkins대학에서 행한 강의를 통해 곧 바로 더욱 깊이 탐구되었다. 마지막으로 그는 20세기의 첫 4반기 동안 우리의 탁월한 교육과 정치 지도자의 한 사람으로서 그의 견해를 궁극적으로 검증해 보였다.

행정의 연구

_____Woodrow Wilson

편집자 주

현대 행정학의 100주년을 기념하게 하는 문건이 그 분야에 대한 그 문건과 그 저자의 공로를 어떻게 해서든지 다루어 재출판 되도록 하는 것은 적절하다.

Wilson의 1887년 논문 "행정의 연구(The Study of Administration)"[공공(public)이란 말이 제목에는 빠져 있음을 알 것!]는 수많은 비판적 분석의 주제가 되어 왔으나 근년에는 그것을 별로 좋아하지 않는다. 그렇지만 그 논문에 대한 혹평이라도 그 속에 담긴 통찰적인 정보나 지혜의 덩어리를 발견했던 것이 보통이었다. 그리고 거의 모든 사람들이 그 논문을 새롭고 복잡한 주제를 촉발 착수하는 노력이었다고 기술했다. 젊은 조교수가 그 연설을 했던 것은 그의 나이 30세 때이다. 그 연설이 거의 수정 없이 그대로 인쇄되어 발간되었다. 그 때에도 그의 학문적 조언자, 역사학자 Herbert baxter Adams가 그를 Johns Hopkins대학의 초빙강사로 초빙해 행정학을 개발하고 강의하도록 하기에 충분한 것으로 판단되었다. 그 대학에서 Wilson은 1886년에 박사학위를 받았다.

그렇다면 그 논문에서 골칫거리가 되는 것은 무엇인가? 첫째, 그 논문은 대부분의 간접적인 방법을 제외하고는 행정의 연구라는 제목에 관한 것이 아니다 는 것이다. 거기에는 준비하고 있는 행정의 내용이 없고, 교과과정이 없고 그 주제를 어떻게 공부할 것인가 하는 제안도 없었다. 앞장에서 지적했듯이 1880년대에 이러한 일들을 착수했던 유일한 사람은 Cornell대학의 Andrew White 뿐이었다. 그 논문은 무엇에 관한 논문인가? 그것은 미국의 현대 민주주의를 위해 정실주의가 아닌 실적주의에 의해 선발된 잘 훈련된 전문적인 공무원이 기능하는 행정의 중심적 중요성에 관한 것이다.

Wilson은 다음 장에서 David Marion말하는 **역사주의자(historicist)**였다. 거기에서 역사주의자는 “전진적이고 진보적인 역사과정을 믿는 자”로 정의되고 있다. 1885년에 쓴 의회정부론(Congressional Government)에서 Wilson은 벌써 네 단계로 이루어진 전체적인 역사과정을 꿰뚫는 견해를 제시했다(그의 논문 제4장을 볼 것). 첫째 단계는 국조들(Founders)로 보다 잘 알려진 “건국 주역들(master-builders)”에 의한 초기 정부의 설계기간이다. 둘째 단계는 법률 해석의 단계로 정확하게 말해 법률적인 것과 법률적이지 않은 것을 해석하는 법률 발달의 단계이다. 남북 전쟁의 분쟁과 고통과 전쟁 직 전후의 사건들이 제3단계를 이룩한다. 그 기간 동안에 진정한 국가가 탄생하고 미국 민주주의가 완전하게 기능하게 된다. 마지막 단계에서는, 1880년대가 보이는 시계 안에서, Wilson은 미국 민주주의가 능률적이게 되어야만 한다고 주장하고 논문은 그러한 제의로 시작된다.

이 네 번째 단계에서 Wilson이 보는 가장 중요한 과업은 그가 성장할 것으로 예측하는 **행정**이라는 새로운 주제를 배우는 일단의 학도들 가운데서 효과적이고 능률적인 공무원

집단을 개발하는 것이다. 다른 관점에서 고찰해 보면 그의 네 단계의 연속 과정은 70년 혹은 80년 간격을 갖는 정치발전에 관한 많은 지배적인 문헌의 중심 주제를 예견하고 있다고 하겠다.

그렇지만 Wilson은 능률적인 관료 기구와 민주적 감성과의 사이에 있을 수 있는 긴장을 이해할 수 있을 만큼 예리했다. Henry W. Bragdon은 그의 글 Woodrow Wilson : 그의 학문 연대(Havard, 1967, 191)에서 "그의 논문에서 제기된 기본 문제는 능률적이고 전문적인 행정 공무원을 자치정부와 개인적인 자유와 어떻게 조화시키느냐 하는 것이다"라고 말하고 있다.

Wilson이 이 난관의 해결에 얼마나 성공을 거두고 있는가? 이것이 이 논문의 마지막이고 가장 골치 아픈 문제가 아닐까? 독자 스스로 읽어 보고 당신은 어떻게 생각하는지 알아보기 바란다. 당신은 Wilson의 해결책은 정치와 행정 간의 미완된 이분법이었다고 보는 자들에 동의하겠는가? 아니면 1973년 간행된 미국정치학회보(American Political Science Review) (67:586)에서 "그래서 Wilson의 논문은 정치로부터 행정을 분리시킬 수 있는가 하는 가능성에 관한 사고의 양축 사이에서 방황하고(따라서 후세 학자들이 양 쪽의 주장에 대해 수많은 주석을 달게 한) 있다"는 Richard Stillman의 요약 판단에 찬성하는가? 아니면 Wilson이, 바로 위에서 밝힌 것에 "신중한 구분(the prudential distinction)"이라고 묘사되는 제삼의 관계를 더한 정치와 행정 간의 세 관계를 제의하고 있다고 보는 Kent Kirwan의 1977년 정치체(Polity) 분석을 더 좋아하는가? 이것은 정치와 행정 간의 "구분"이 아니라 행정에 대한 정치의 넓은 영향과 좁은 영향간의 구분이다. 모든 행정 행위는, 어떤 것은 다른 것 보다 많을 뿐이지, 정치를 통해 실행된다.

물론 쉬운 탈출구는 Wilson을 단지 혼란스러운 사람으로 생각하면 된다. 그렇지만 만약 이들 네 가지 선택지가운데서 어떤 인상적인 것을 발견할 수 없다면, 믿거나 말거나, David Marion이 제3장에서 밝힌 다섯 번째 가능성이 여전히 있다고 할 것이다. 이 논문을 Marion의 비평을 읽기 전에 읽을 것인가 혹은 읽은 후에 읽을 것인가는 독자의 자유이다.

1887년에 Woodrow Wilson은 Bryn Mawr의 조교수였다. 그는 Georgia주 Atlanta에서 변호사 개업을 하다 그곳으로 왔다. 그의 박사학위는 Johns Hopkins대학에서 받았다. 그는 또한 Virginia 대학에서 법학을 공부하기도 했다. 그는 당시 의회 정부론(*Congressional Government*)의 저자였고, 그 책은 Marshall 상을 수상 했고, 많은 논문과 서장의 저자이었다. 그는 Wake Forest College에서 명예박사학위를 받았다. 곧 그는 Johns Hopkins대학의 행정학 연속 강좌에 초빙교수로 임명되어 이를 수락 한다. Wilson의 1887년의 논문은 계간 정치학(*Political Science Quarterly*), 2 (1887, 6), 197-222에서 재인쇄한 것이다.

■ 실천적인 학문은 그것을 알고자할 필요가 없는 곳에서는 연구되어진 적이 없다고 생각한다. 따라서 실천적 학문임이 분명한 행정학이 이 나라의 대학 교과과정에서 제 갈 길을 찾아가고 있다는 바로 그 사실이, 구체적인 사례를 찾아 그 사실을 입증해야 그러한 결론을 내릴 수 있다고 하드라도, 이 나라가 행정에 대해 보다 많은 것을 알아야 할 필요가 있다는 것을 증명하는 것이다. 그렇지만 우리가 그러한 사실을 증명하기 위해 대학의 교과과정을 검색하지는 않는다고 말할 필요까지는 없을 것이다. 우리들 사이에서는 현재 진행 중인 인사개혁운동은 그 시도하는 첫째 목적을 달성하고 나면 인사(personnel) 뿐만 아니라 조직과 정부업무 처리 방법을 개선하는 데까지 노력을 확대해야 한다는 것을 당연한 것으로 여기고 있다. 왜냐하면 인사 문제에 못지않게 정부의 조직과 업무 방법의 개선이 필요하다는 것이 분명하기 때문이다. 행정을 연구하는 첫째 목적은 정부가 무엇을 적합하고 성공적으로 해낼 수 있는가를 발견하는 것이고 둘째로는 어떻게 해서 그 적합한 일을 가능한 한 가장 능률적으로 또 돈이 되었건 에너지가 되었건 가능한 한 최소의 비용으로 해낼 것인가를 발견해 내는 것이다. 이들 두 가지 모두에 대해 우리는 분명히 많은 빛을 밝혀야 할 필요가 있다. 그리고 오직 면밀한 연구만이 그 빛을 제공할 수 있을 것이다.

그렇지만 그 연구에 들어가기에 앞서 다음과 같은 일을 할 필요가 있다.

Ⅰ. 같은 분야에서 다른 사람들이 이룩해 놓은 것을 살펴

본다. 즉, 연구의 역사를 살핀다.

Ⅱ. 무엇이 그 주제인가를 정확히 확인한다.

Ⅲ. 그 주제를 연구하는데 가장 적합한 방법이 무엇이고 우리를 그 주제로 인도할 가장 명확한 정치적 개념이 무엇인가를 결정한다.

이러한 것을 우리가 알아 해결하지 못하면 항해도와 나침판이 없이 항해를 시작하는 것과 같을 것이다.

Ⅰ.

행정의 연구는 약 2200년 전부터 시작되었던 정치학의 최근의 결실물이다. 그것은 금세기, 거의 우리들 자신의 세대에 탄생한 것이다.

그것은 왜 그렇게 늦게 등장했을까? 왜 그것 자체에 관심을 집중하기에는 너무도 바쁜 우리들의 세기까지 기다렸을까? 행정은 정부에서 가장 두드러진 부문이다; 그것은 행위하고 있는 정부(government in action)다; 그것은 정부의 집행측면, 운영측면 그리고 가장 가시적인 측면이고 물론 정부 그 자체만큼 오래된 것이다. 그것은 정부의 행위이고 따라서 정부행위가 체계적인 사상사 속에서 일찍부터 정치학자들의 관심을 사로잡아 면밀한 검토를 촉발케 했으리라고 기대하는 것은 당연하다.

그러나 그렇지 않았다. 모두가 금세기가 그 첫 유년기를 보내고 성숙되면서 체계적 지식이라는 특징적인 꽃을 피우기 시작한 이후 비로소 행정을 정부과학의 한 분과로 체계 있게 저술하기 시작했다. 오늘날까지 우리가 지금 읽고 있는 모든 정치학자들은 오직 정부의 구성(constitution)만을 생각, 논의했고 교조 화 했다. 즉 국가의 본질, 주권의 본질과 소재, 대중 권력과 제왕의 특권에 관해 생각했다. 즉, 정부의 심장부에 놓여있는 거창한 의미와 인간의 본성과 인간의 의도에 의해, 정부의 목표보다 앞에 내세운 높은 인간의 목표를 논의했다. 논쟁의 중심이 되는 것은 거대 이론 영역으로 거기에서는 군주제가 민주제를 몰아치고 과두제가 자체를 위해 특권적인 요새를 구축하고, 또 독재자가 모든 경쟁자들로부터 복종을 받아내는 요구를 정당화 하려는 기회를 모색한다. 이 원리들의 각축 속에서 행정은 멈춰 서서 행정 자체를 조망해 볼 수가 없었다. 문제는 항상 누가 법을 만들고 또 그 법은 어떻게 되어야 할 것인가? 하는 것이었다. 다른 문제는 즉 어떻게 하면 법이 사리에 맞춰 공명정대하고 마찰 없이 신속 원활히 관리될 것 인가하는 문제는 박사들이 원리를 합의해 놓으면 서기들이 정리 할 수 있는 "실천적인 세부사항"으로 여겨져 옆으로 제쳐져 있었다.

정치철학이 이러한 방향을 취한 것은 물론 정치철학자들이 우발적으로 그렇게 한 것도 아니고 우연히 좋아하거나 지니고 있던 변덕스런 생각 때문에 그렇게 된 것은 아니다. Hegel이 말했듯이 어느 시대든 철학은 "추상적인 사고로 표현된 그 시대의 정신 바로 그것이다." 그래서 정치철학도 다른 모든 철학과 마찬가지로 당대의 일에 대해 거울을 들고 반영만

하는 것이다. 지난 시대의 문제는 거의 모두가 정부의 헌정에 관한 것이었고 따라서 결과적으로 바로 그것에 사람의 사고를 몰두시켰다. 행정에 관해서는 문제 꺼리가 적거나 없었다 ―적어도 행정 인들이 문제 삼을 것은 거의 없었다. 생활 자체가 단순했기 때문에 정부의 기능도 단순했다. 정부는 명령적으로 몰아쳤고 사람들이 원하는바에 대해 상담한다는 생각 없이 강요만 했었다. 복합적인 공공 수익과 공공 부채관리 체제가 없었기 때문에 재무관을 어렵게 할 수가 없었다 ; 결과에 따라 곤경에 처할 재무관이 없었다. 권력을 가진 자 누구도 그것을 어떻게 사용할 것인가에 대해 오래 고심하지 않았다. 유일한 큰 문제는 누가 그것을 소유하느냐? 하는 것이었다. 인구수는 쉽게 다룰 수 있는 크기였고 재산의 종류는 간단했다. 농장은 많이 있었다. 그러나 증권과 채권은 없었다; 기업가의 투자 이득보다는 소 떼가 많았다.

내가 이 모든 것들이 "금세기 초기(early times)"의 실정이라고 했다; 그러나 실질적으로는 비교적 최근까지도 사실이 그러했다. 우리는 지난 세기를 현재 나타난 교역의 복잡성과 난맥을 이룬 상업적 투기를, 또 무서운 국가 부채를 발생시킨 세기라고 되돌아 볼 필요는 없다. Good Queen Bess는 의심 없이 16세기의 독점사업은 자기 손을 데이지 않고는 운영하기 어려운 것이었다고 생각했다: 그러나 19세기의 거대한 독점 사업 앞에 그러한 것은 기억되지 않고 있다. Blackstone이 회사는 몸뚱이가 없어 걷어차지도 못하고 욕을 해댈 정신(souls)도 없다고 탄식하면서 그는 그러한 유감이 적절한 시기에 해소되기를 기대하는 가운데 한 세기가 다 되어 가고 있었다. 오늘날 매우 자주 기업사회를 방해해온 노사 간의 끊임없는 불화는 흑사병(Black Death)과 근로기준법(Statute of Laborers) 이전에 시작되었다; 그러나 우리가 사는 오늘 이전에는 결코 그것들이 지금 보여주는 것만큼 불길하리라고 예상하지 않았다. 요컨대, 정부 행위에서의 난제들이 지난 세기 동안에 누적된 것으로 본다면 그것들은 금세기에도 축적되고 있다고 본다.

이것이 바로 오늘날 행정업무가 신중하게 검토된 정책표준에 맞춰 학구적이고 체계적이 되어야하는 이유이다. 즉 우리가 전에는 갖지 못했던 행정학이라는 것을 갖게 되는 이유다. 그렇다고 헌정원리에 관한 비중 있는 논쟁이 끝났다는 것은 결코 아니다. 그러나 이제는 더 이상 그것들을 행정보다 당장에 실질적으로 논의할 게재가 아니다. 헌정을 구성하기보다는 그것을 운영하는 일이 갈수록 어려워지고 있다.

여기에서 과거의 행정과 새로운 행정의 차이를 사실적이고 생생하게 묘사하고 있는 Bagehot의 말을 살펴보자.

> 옛날에는 군주가 멀리 떨어져 있는 변방을 통치하고자 하면 수령을 큰말에 태워 파견하고 다른 사람들은 작은 말에 태워 파견했다. 수령이 같이 데리고 온 다른 사람을 시켜 그가 일해 왔던 것을 보고하지 않으면 다시 수령이 되었다는 소식을 거의 듣지 못했다. 전체를 다 감독하는 것은 불가능하

다. 보통의 소문과 부정기적인 보고가 정보의 원천이다. 그 변방이 나쁜 상태에 있다는 것이 확실한 것 같으면 첫 번째 수령은 소환 당하고 그 대신 두 번째 수령이 파견된다. 문명국에는 여러 가지 과정이 있다. 통치하고자하는 지방에 사무소를 설치한다; 그리고 사무소로 하여금 서한을 쓰고 복사케 한다; 그러면 그것은 Petersburg 소재 중앙 사무소로 매일 여덟 통의 보고서를 보내게 된다. 지방에서는 누군가를 "견제"하고 그가 옳게 하고 있는지를 살피기 위해 누구도 동일 자산계정을 계산해 주지 않고 아무도 계산하지 못하도록 한다. 그 결과 부서의 수장들에게는 탁월한 선천적 재능을 지니고 가장 능률적인 방법으로 일하고 가장 끈기 있고 규칙적인 노력에 의해서만 완수할 수 있는 엄청난 양의 읽을거리와 노력이 부과 된다[1].

과거에도 단순했고 지금도 복잡하지 않는 정부의 임무는 거의 없다. 과거에는 정부의 주인이 단지 두 셋이었다. 그것이 지금은 수많은 주인을 갖는다. 대부분이 전에는 정부에 대해 그저 참고 견디었다. 지금은 그들이 정부를 지휘한다. 과거에는 정부가 조정 신하의 생각을 따랐던 반면 지금은 국민전체의 견해를 따라야만 한다.

그리고 그러한 견해들이 꾸준히 확대되어 새로운 국가임무의 개념을 넓혀가고 있다. 즉 동시에 정부의 기능이 날로 더욱 복잡하고 어려워지고 아울러 그 수를 폭넓게 증가시키고 있다. 행정은 도처에서 새로운 사업에 손을 댄다. 예컨대 정

1) Sir William Pitt에 관한 Essay.

부우편 업무의 유용성, 저렴성, 그리고 완결성은 전신체계에 대한 정부통제가 조기에 정착되기를 요구하고 있다. 혹은 전신과 철도 회선을 매입하고 건설하는데 우리정부는 유럽 정부가 이끄는 대로 따라가지는 않는다 할지라도 우리들 누구도 어떻게 해서든지 우리정부 자체를 반반한 공사의 주인다운 주인으로 만들어야 한다는 것을 의심하지 않는다. 과거의 주 철도 위원회와 더불어 국립 철도청장제를 설치하는 것은 매우 중요하고도 섬세한 행정기능의 확대로 이어지는 것이다. 공사에 대해 주 정부 또는 연방정부가 어떠한 권한을 가졌든지 간에 적지 않은 지혜와 지식 그리고 경험을 요구할 것이므로 면밀함과 책임감이 수반되어야만 할 것이다. 일이 잘되게 하기 위해 그러한 것들이 연구되어야 한다. 그리고 이러한 것들은 내가 앞서 말했듯이 정부 업무 앞에 열려있는 문들 가운데 단지 두세 개에 불과한 것이다. 주의 아이디어와 그에 따른 주의 이상적인 임무는 눈에 띠게 변화하고 있다. 그래서 "주의 아이디어는 행정의 양식이 되는 것이다." 날마다 주가 해야 할 새로운 일을 알았다면 다음으로 할 일은 주가 그것을 어떻게 해야 하는가를 분명히 아는 것이다.

이것이 정부의 제 경로를 강화하고 업무를 사무적으로(less un-businesslike) 하고자 하고 그 조직을 강화하고 정화하고자 하고, 의무감을 지닌 직무를 부여하고자 하는 행정학이 있어야하는 이유이다. 이것이 왜 그와 같은 학문이 존재해야 하는가 하는 하나의 이유다.

그런데 이 학문은 어디에서 자라났는가? 분명히 바다 이쪽에서는 아니다. 우리의 행정 실제 속에서 적지 않게 공정한 과학적 방법을 식별해야 할 것이다. 도시정부의 해악적인 분위기, 주 행정의 부정한 비밀, Washington에서 항상 발견되는 혼란, 명예직, 그리고 부패는 우리로 하여금 좋은 행정을 구성하는 깨끗한 개념들이 미국에서 벌써 유행하고 있다는 것을 도무지 믿지 못하게 하고 있다. 그렇다; 미국 학자들은 지금까지 이 학문의 발달에 참여하여 중요한 일을 하지 않았다. 유럽에 그 분야의 박사가 있다. 그것은 우리가 만든 학문이 아니다. 그것은 외래 학문으로 영어나 미국의 원리를 거의 사용하고 있지 않다. 그것은 오직 외국 용어만을 사용 한다; 우리의 마음과는 거리가 먼 이국적인 아이디어만을 말하고 있다. 그것의 목적, 범례, 조건들이 거의 전적으로 외국 종족의 역사, 외국체제의 선례 그리고 외국혁명의 교훈에 근거 하고 있다. 그것은 불란서나 독일의 교수들에 의해 개발되었다. 그리고 그런 연유로 결과적으로 모든 부문에서 간결한 국가(compact state)의 필요에 맞추어 졌고, 매우 중앙 집권적인 정부 형태와 아주 잘 어울렸다; 반면에 우리들의 목표에 답하기 위해서는 그것은 간단하고 간결한 국가에 맞춰 질 것이 아니라 복잡하고 다양한 형태의 국가에 맞추어야 하고 매우 분권적인 정부 형태에 꼭 부합되어야 한다. 우리가 그 것을 채택한다면 우리는 그것을 미국화 시켜야한다. 형식에서만이 아니고, 단지 언어상으로만이 아니라 근본적으로 사고와 원칙과 그리고 목표에서도 미국화 해야 한다. 그것은 우리의 헌법을 진정으로 배워야하고 그 혈관에서 관료제적

열기를 걷어내야만 하고 훨씬 자유로운 미국 기운을 불어 넣어야만 한다.

명시적으로 모든 정부에 두루 유용하게 받아들여 질 수 있다고 여겨지는 한 학문이, 정부가 오래 동안 공동으로 참여해 왔던 영국이나 미국보다는, 정부가 오랜 동안 군주제였던 유럽에서 우선 주목을 받아야 하는가의 이유를 설명해야 한다면, 그 이유는 의심할 나위 없이 두 가지 면에서 밝혀져야 할 것이다: 첫째로 유럽에서는 정부가 대중의 동의로부터 독립되어 있다는 바로 그 이유 때문에 다스려야 할 것이 더 많았다는 것이고; 둘째, 군주제 정부를 유지하고 싶어하는 욕망이 군주론 자들로 하여금 가장 자극적이지 않은 통치 수단을 발견하는데 관심을 쏟게 했다는 것이다. 그 밖에 그 지배자들은 몇 명 안 되어 즉시 수단으로 채택되기에 충분했다.

이 문제를 보다 면밀히 고찰함으로써 교훈을 얻을 수 있을 것이다. 물론 내가 유럽 정부를 말 할 때 영국은 포함시키지 않는다. 영국은 시간과 더불어 변화하는 것을 거부하지 않았다. 영국은 귀족주의적 특권정치체제에서 민주권력체제로의 전환이라는 쓰라림을, 혁명을 가로막지 않으면서, 평화에의 길을 보장하는 헌법 개정 조치라는 완만한 조치를 취함으로써 간단하게 극복했다. 그러나 대륙의 여러 국가들은 오랫동안 모든 변화에 대하여 기를 쓰고 저항했고, 절대정부의 가혹성을 혁명으로 완화 시켰다. 그들은 나타난 모든 마찰을 분쇄할 수 있을 만큼 그들의 기구를 완벽하게 하고자, 또 장애가 되는 모든 증오를 평정할 수 있을 만큼 피통치자들의 이해관계를 고려하여 그들의 방법을 부드럽게 하고자, 그리고 모든 부류의 일에 그들의 도움을 그렇듯 집요하고 때맞추어 제공함으로써 그들 스스로 부지런해지지 않을 수 없도록 하게 하고자 했던 것이다. 그들은 마침내 국민들에게 헌법과 연대적 참정권을 제공해 주었다. 그러나 그들이 그것을 얻고 난 뒤에까지도 계속해서 절대군주를 지향하여 가부장적이 되었다. 그들은 너무도 능률적이어서 스스로를 배제할 수 없게 만들었고, 눈에 띄지 않을 만큼 부드럽게 시행했고, 너무도 계몽되어 있어 무분별하게 문제 삼지 않았고, 너무도 자애로워 의심받지 않았고, 너무 강력해 대항해 맞설 수가 없게 했다. 이 모든 것들이 연구를 요구했고 그들은 그것을 면밀히 연구했다.

반면에 바다의 이쪽에서는 정부의 커다란 어려움을 인식하지 못하고 있었다. 새로운 국가로서 거기에는 모두가 여유 있고 유리하게 고용될 수 있었고, 자유정부의 원칙과 무한정한 실제정치 기술을 갖고 있어 우리는 오랫동안 행정계획이나 행정방법에 대해 진지한 관심을 가질 필요가 없었다. 자연히 우리는 유럽의 출판사들이 우리 도서관에 보내오고 있는 정부운영의 방법과 수단에 관해 박식하게 연구하고 고통스럽게 고찰한 많은 책들이 지닌 유용성이나 중요성을 늦게 깨닫는 것은 당연했다. 덩치 큰 아이처럼 정부는 우리와 더불어 정부의 본질을 확장하고 규모도 키웠다. 그러나 동시에 그 동작이 서툴러지기 시작했다. 정부 생명의 활기와 규모의 증가는 모두 삶의 기술에 비례하여 나타난다. 그것은 힘은 얻었지만 품행은 얻지 못했다. 따라서 헌법이 쉽고 건전하게 발달했다는 점에서 유럽 여러 나라들보다 우리가 크게 유리하지만, 이제 보다 신중히 행정을 조정하고 보다 많은 행정 지식을 갖춰야 할 시간이 우리에게 닥아 왔다는 점에서, 우리는 대서양 건너 국가들에 비해 불리하다는 신호를 받고 있다. 몇 가지 이유에서 이점을 분명히 밝히고자 한다.

현대 세계의 주요 국가들의 헌정사를 살펴보면, 정부는 여러 제도를 통해 세 가지 성장 단계를 거쳐서 현재의 가장 발달된 단계에 이르렀다고 말할 수 있다. 그리고 그 세 단계는 여타 모든 국가도 거치게 되어 있다. 이들 중 첫 단계는 절대 지배자의 시대이고 행정체계가 절대 규칙에 맞추어지는 시기이다. 둘째 단계는 절대 지배자를 축출하여 공공 통제로 대체하는 헌법을 제정하고 이러한 고차적인 관심사 때문에 행정은 등한시되는 시기이다. 세 번째 단계는 주권을 가진 국민이 그들에게 권력을 가져다 준 새로운 헌법 하에서 행정을 발달시키는 단계이다.

지금은 행정실제에서 통치자는 정확히 피치자의 봉사자일 뿐이라는 것이 장님을 뺀 모두에게 분명하게 알려진 정치적 광명이 실현된 근대에도, 여전히 절대적이면서 동시에 계몽된 지배자를 가진 정부들이 행정실제를 앞장서서 이끌어가고 있다. 이러한 정부에서는 행정은 단일 의지가 취한 조치에만 따름으로써 쉽고 효과적으로 공공복리를 실현하는데 보조하도록 조직되어 왔다.

예를 들면 Prussia가 그런 경우로 거기에서는 행정이 가장 많이 연구되었고 가장 완벽에 가까웠다. Frederic 대제는 그의 통치에서 보듯이 완강하고 지배적이었지만 여전히 진지하게 자기 자신을 국가의 우두머리 봉사자에 불과하고, 이렇듯 위대한 업무는 국민이 신탁한 것이라고 토로하고 있다. 그리고 자기 아버지가 다져놓은 기반 위에 Prussia행정을 매우 진지하게 국민을 위한 봉사자로 조직하기 시작했던 사람이 바로 그이다. 그에 못지않게 절대적인 그의 후계자 Frederic William3세는 재위 시 Stein으로부터 감화 받아 자신이 직무를 더욱 발전 시켰고 다시 보다 광범위한 구조적 형태를 기획하여 오늘날 Prussia 행정을 보다 확고히 자리 잡게 했다. 감탄을 자아내게 하는 거의 모든 제도가 왕의 주도로 개발되었다.

현대 불란서 행정이 비슷한 기원을 갖는바, 계획적이지는 않았다고 하더라도 균형 잡힌 국토의 구획 화, 질서 있는 직무의 등급화 등의 행정 실제는 그 기원이 비슷하다. 혁명 — 국민의회— 의 시대는 헌법초안의 시대이다. 그러나 이 시대를 헌법제정의 시대라고는 할 수 없다. 혁명은 헌정 발달 기 —불란서를 내가 전술한 제2단계로 진입시키는— 를 예고했지만 그 자체가 그런 단계를 출범시킨 것은 아니다. 그것은 절대주의를 방해하고 교란하긴 했지만 붕괴하진 못했다. Napoleon은 불란서의 군주제를 승계 하여 역대 어떤 군주보다도 무소불위의 권력을 휘둘렀다.

따라서 Napoleon에 의한 불란서 행정의 재편은 헌정기가 열리기 직전 절대 지배자의 단일의지에 의해 행정기구를 완비한 내가 얘기한 2단계의 예가 된다. Napoleon이 명령했던 것과 같은 제도는 공공의지의 협동으로는 이룩할 수 없을 것이다. 지방의 특수한 견해를 희생해서 이룩한, 공공의 선택에 무관심했다는 점에서 그렇게 논리적인, 그토록 단순한 제도들은 국민의회에 의해 법령화 될 수는 있을지 몰라도 독재자의 무한한 권위에 의해서만 제도화될 수 있을 것이다. Napoleon통치 8년 동안은 지나칠 정도로 철저했고 무자비 하리만큼 완벽했다. 그 외에, 그 8년은 대부분 몰락한 전제 독재로 회귀하는 것이었다.

반면, 헌법제정의 계절에 들어갔고, 행정이 자유원리의 영향을 받기 전에 헌법 제정과 시민 개혁의 계절로 들어갔던 국가들에서는 행정발달이 더디고 미진했었다. 일단 한 국가가 헌법제정 작업에 착수하고 나면, 그 작업을 중단하고 공공을 위해 숙달되고 경제적인 행정 사무를 열어 주기가 지극히 어렵다는 것을 알게 된다. 헌법의 수정에는 끝이 없는 것 같다. 여러분의 일상의 헌법은 10년이 못 가 수정하거나 보완한다. 그래서 세부행정의 문제는 그만큼 늦게 대두되게 된다.

여기에 드는 예는 물론 영국과 우리나라의 것이다 헌정생활이 大章典에 뿌리내리기 이전인, Angevin 왕조시대에 Henry2세의 예리하고 민첩하며 저돌적이고 백절불굴적인 정신과 목표의식 속에 법제와 행정개혁이 슬기롭고 힘차게 시작되었다. 다른 나라에서와 마찬가지로 영국에서도 왕의 주도하에 그의 의지대로 정부의 성장을 이룩하게 되어 있는 듯 했다. 그러나 충동적이고 덜렁대는 Richard와 유약하고 겁 많은 John은 선왕처럼 그러한 구도를 실천할 수 있는 인물이 아니었다. 그들의 통치 동안 행정의 발달은 헌정 적 투쟁에 그 길을 양보했다. 그래서 영국 군주가 올바르고 항구적인 국가 행정형태를 고안해 낼 수 있는 실제적인 자질이나 깨인 양식을 갖출 때까지는 의회가 왕이었다.

결과적으로 영국민족은 행정 집행 권력을 억제하는 기술을 성공적으로 연구하였지만 그 결과 완벽한 행정방법을 계속 등한시하게 되었다. 그것 자체가 정부를 활력 있게 하기보다는 정부를 통제하는데 사용되어졌다. 정부를 편리하고 질서 있고 효과적이게 하기보다는 정부를 바르고 삼가도록 하는데 관심을 모았다. 영국과 미국의 정치사는 행정 발달의 역사가 아니고 의회 감시의 역사이다. 정부조직의 발달사가 아니고 법률제정과 정치 비평의 발달사라는 것이다. 그 결과 우리가 오랜 기간의 헌법제정의 습관에 젖어 있는 부담을 안고 정부의 安寧을 위해 절대 필요한 행정을 연구하고 구상해야하는 시기에 이른 것이다. 근본원리의 확립의 관점에서만 보면 헌법제정의 시기는 사실상 마감되었다. 그러나 우리는 그 분위기를 떨쳐버릴 수가 없다. 창조를 해야 할 시간에 비판만 계속하고 있다. 우리는 내가 말한 제3기에 이르렀다. 즉 앞선 시대에 절대 권력과의 투쟁에서 자신을 위해 자신들이 얻어낸 헌법에 맞춰 행정을 발달시켜야만 하는 시기에 이른 것이다. 그러나 우리는 아직 이 시기의 과업에 대한 준비가 없다.

이러한 설명은, 정치적 자유라는 관점과 무엇보다도 실제 정치에서 기술과 지혜만 보면 우리가 훨씬 앞서 있음에도 불구하고, 많은 국가들이 행정조직과 행정기술에서 우리를 앞서고 있다는 사실 앞에 우리는 개탄 할뿐이다. 예를 들어, 왜 우리는 50년 동안 썩어온 인사행정의 정화 작업을 이제야 시작해야 하는가? 노예제도가 우리를 현혹했다고 말하는 것은 내가 말한바 즉 우리 헌법상의 결함이 우리를 늦어지게 했다는 것을 되풀이하는 데 지나지 않는다.

물론 모든 분별 있는 사람은 유럽 국가들의 정치과정보다는 영국과 미국의 정치 과정을 더 선호한다고 단언할 것이다. 우리는 Prussia의 행정기술을 갖기 위해 Prussia의 역사를 갖고자하지는 않을 것이다. 그리고 Prussia 특유의 행정체제는 필시 우리를 질식시킬 것이다. 비굴하면서 체계적인 것보다는 덜 숙련되고 자유스러운 것이 더 낫다. 그렇지만 정신이 자유롭고 실천도 능숙할 수 있다면 더욱 좋을 것임을 부인할 수 없다. 이렇듯 몹시 갈구되는 행정학을 이룩하는데 방해가 되거나 지연시키는 것이 무엇인가를 발견해 낼 것을 강요하는 것은 지극히 타당한 좋은 일일 것이다.

그렇다면 무엇을 방지해야 하는가?

아마도 주로는 공공통치일 것이다. 민주정치 하에서 행정을 조직하는 것이 전제정치 하에서 보다 더 어렵다. 우리가 몹시 귀중히 간직하고 있는 지난날 이룩한 완벽한 정치적 성공이 우리를 당혹스럽게 한다. 우리는 여론을 왕으로 받들었다. 그래서 우리는 여론이 지배하는 동안은 그 지배권을, 능숙한 집행력을 갖추도록, 정부기능이 완전히 균형 잡히도록, 신속히 교육시킬 수 없는 것이다. 우리가 공공 지배를 완전히 실현했다는 사실 자체가 그 지배를 조직화하는 작업을 그만큼 더 어렵게 하고 있다. 조금이라도 전진해나가기 위해서는 여론이라고 불리 우는 수많은 군주를 교화시키고 설득해야만 한다. 이것은 왕이라고 불리 우는 단 한 명의 군주를 감화시키는 것보다 훨씬 실현 가능성이 적다. 단일 주권자는 단순한 계획을 채택하여 곧바로 실현시킬 것이다. 그는 단지 한 가지 여론만을 가질 것이고 그 한 가지 여론을 한 번의 명령으로 실현 할 것이다. 그러나 다른 주권자 즉 국민은 서로 다른 수많은 의견을 갖는다. 그들은 어떤 것에 대해서도 쉽게 의견일치를 이루지 않는다. 차이점을 없애고 계획을 수정하고 지나치게 완강한 원칙은 억누르는 방법을 써 타협을 이룩함으로써 만 앞으로 나아갈 수 있다. 여론 때문에 항상 매년 새롭게 결정되고 불꽃처럼 쏟아지는 여론의 명령 때문에 잦은 변경이 이뤄 질 것이다.

정부에서의 진전은, 도덕에서와 같이, 어려운 일 가운데 어려운 일이다. 그 이유는 종전에는 주권을 가진 한사람이 일반적으로 이기적이고 무지하고 멍청하거나 바보스러웠기 —물론 이따금씩 현명한 자도 있긴 했지만— 때문이다. 오늘날엔 그 이유가 주권자 즉 국민의 수가 많아 우리가 접근해가야 할 귀가 하나가 아니고 이기주의의 극치, 무지의 극치, 완고함의 극치, 멍청함의 극치, 수천 명의 어리석음을 집합한 바보스러움 —물론 현명한 사람이 기 백 명이 있긴 해도—

때문인 것이다. 과거에는 주권자의 마음이 한 곳에 한정되어 있었다는 점에서 개혁자가 유리했다. 즉 주권 의식이 한 사람의 머릿속에 국한되어 들어 있었고 따라서 그것은 성취될 수 있었다. 물론 그 마음이 마지못해 혹은 아주 조금만, 옳지 않은 것만을 가르쳐주려고 하는 누군가의 영향 하에서 깨우쳐 졌다는 것은 불리한 점이 기는 하다. 반면에 현재는 주권자의 마음이 어느 한곳에 정착되어 있지 않고 수백만 유권자(voting majority)의 머릿속에 들어 있다는 사실이 개혁자를 어리둥절케 한다. 또한 주권자의 마음이 그들이 총애하는 사람들로부터 영향을 받는다는 사실이 그들을 당혹스럽게 한다. 그런데 그들이 좋아하는 사람들은 사람이 아니고 선입견이기 때문에 구식이지만 좋은 의미에서 총신 못지않은 총신이다. 이를테면 편견은 이성의 결과로 나온 것이 아니어서 이성적으로 따져질 수 없는 것인데 그 편견을 좋아한다.

여론이 정부 관리의 제일 원리로 고려되는 곳에서는 어디에서나 실제 개혁은 느릴 수밖에 없고 모든 개혁은 타협으로 가득 찬다. 여론이 존재하는 근거가 무엇이든 간에 그것은 지배적이어야만 한다. 이점은 현재 세계의 절반이상이 받아들이는 공리이고 Russia에서 까지도 들어 나게 믿어지게 될 것이다. 누구든지 현대 입헌정부체제에서 정부를 변화시키고자 한다면 우선 그의 동료시민을 무엇인가의 변화를 원하도록 교화 시켜야만 할 것이다. 교육을 시키고 나서는 그가 원하는 바의 특정한 변화를 바라도록 설득해야 한다. 그는 먼저 여론으로 하여금 기꺼이 경청하도록 하고 이어서 여론이

바른 것을 듣고 있는가를 살펴야 한다. 그는 하나의 의견을 모색하기 위해서는 여론을 움직여 놓고 이어서 올바른 의견이 제 길을 가도록 관리해야 한다.

첫째 단계는 둘째 단계 못지않게 어렵다. 의견은 가진 사람의 마음 대로다. 의견을 움직인다는 것은 거의 불가능하다. 한 세대가 원칙을 실현하기 위한 그럴 듯한 임시변통으로만 여기는 제도를 다음 세대는 그 원칙을 거의 실현할 수 있는 것으로 존경하게 되고, 그 다음 세대는 원칙 그 자체를 숭배하게 된다. 3세대도 채 못 가서 신격화된다. 손자는 자기 할아버지가 망설이며 했던 실험을 본연의 전체 구성 요소의 확고한 한 부분으로 받아들인다.

설령, 우리가 과거의 정치를 꿰뚫는 명석한 통찰력을 가졌고, 완벽하게 교육된 몇 사람의 머리를 빌어 몇 가지 꾸준하고 결함이 없고 평온 하리 만큼 현명한 정부 운영에 관한 공리를 고안해 내 그 속에 모든 건전한 정치이론을 궁극적으로 용해해 낼 수 있다고 하드라도, 국가가 그런 공리에 따라 작동할 수 있을까? 그것이 문제이다. 많은 인간들이 확실하게 비철학적이고, 오늘날 많은 그런 인간들이 투표를 한다. 진리는 아침 일찍 일하러 가는 사람들이 그것을 알기 전에 평범할 뿐만 아니라 보편적인 것이 되어야 한다. 그렇듯 바로 그 사람들이 진리에 입각해 행위 하지 않으면 크고 고통스러운 불편이 따른다는 것이 그들을 진리에 입각해 행동하도록 한다.

그리고 미국보다 그 구성이 더 복잡하고 이렇듯 비철학적인 수많은 사람들이 있는 곳이 어디인가? 이 나라 공공의 마음을 알기 위해서는 오랜 혈통을 지닌 미국인의 마음뿐만 아니라 Irish인과 독일인 그리고 흑인의 마음까지를 알아야 한다. 새로운 원칙의 발판을 마련하기 위해서는 모든 인종의 틀 속에 투사된 마음, 환경이 주는 모든 편견 속에 자라온 마음, 수많은 각기 다른 국가들의 역사에 의해 왜곡된 마음들, 지구의 모든 기후에 의해 온화하거나 차가운, 폐쇄적이거나 진취적이 된 마음을 감화 시켜야 한다.

이제까지 행정연구의 역사와 우리가 손대야 할 특별히 어려운 조건들을, 그에 입각해 우리가 이미 시작한바와 같이, 어느 정도 살펴보았다. 그러면 이 연구의 주제는 무엇이며, 그 특별한 목적은 무엇인가?

Ⅱ.

행정의 분야는 사무의 분야이다. 그것은 정치의 졸속(hurry)과 투쟁(strife)으로부터 벗어나 있다. 그것은 거의 모든 점에서 논란이 많은 헌정 연구의 논거와도 동떨어져 있다. 그것은 회계 사무소의 회계 방법이 사회생활의 한 부분이듯이, 마치 기계설비가 제조생산품의 한 부분이듯이 그런 식으로만 정치생활의 한 부분이다. 그러나 동시에 그것은 그것의 보다 위대한 원리를 통해 지속적인 정치지혜의 공리, 즉 정치발전의 영원한 진리와 직접 연결된다는 사실 때문에 단순한 세부기술이라는 흐릿한 수준을 훨씬 넘어선 것으로 추켜 세워지고 있다.

행정을 연구하는 목적은 경험적 실험의 혼란과 낭비로부터 집행 방법을 구해내고 그것을 확고한 원칙으로 깊이 자리 잡고 앉은 토대 위에 정착시키기 위한 것이다.

그렇기 때문에 우리는 현 단계의 인사개혁(civil-service reform)을 전체 행정개혁의 서막에 나지 않는 것으로 보는 것이다. 우리는 지금 임용방법을 손질하고 있다. 계속해서 집행 기능을 보다 적합하게 조정해야 하고, 보다 좋은 집행조직과 행위 방법을 처방해야 한다. 그래서 인사개혁은 다음에 이어질 개혁을 위한 도덕적 준비 일 뿐이라는 것이다. 그것은 공공의 신뢰를 받는 곳으로서의 공공관청의 존엄성을 확립함으로써 공직생활의 도덕적 분위기를 정화 시켜주는 것이고 불편부당하게 봉사케 함으로써 그것을 사무답게 만드는 길을 열어 준다. 그 동기를 충족 시켜줌으로써 그것 스스로 그것의 작업 방법을 개선하게 하고 있다.

내가 말했던 행정의 영역에서 범위를 조금만 넓혀 보자. 가장 중요하게 관찰해야 할 것은 이미 그렇게 많이 또 그렇게 다행스럽게 우리의 인사개혁자들이 주장했던 진리이다. 즉 행정은 정치의 본래 영역 밖에 놓여 있다는 사실이다. 행정문제는 정치문제가 아니다. 정치가 행정에 임무를 부과하긴 하지만 그렇다고 해서 굳이 그 관청을 조종하는 수고까지 해서는 안 된다.

그것은 대단한 권위를 갖는 구분이다. 독일의 저명한 논객들은 그러한 구분은 당연한 것이라고 주장한다. 실예로

Bluntschli[2]는 행정 같은 것은 모두 정치와 법으로부터 분리시키라고 요구하고 있다. 그의 말로는 정치란 "보다 크고 보편적인 일"에 관한 국가 활동이고, 반면에 행정은 "개별적이고 작은 일에 관한 국가 활동이다. 따라서 정치는 정치인의 고유 영역이고, 행정은 기술 관료의 고유 영역에 속 한다"는 것이다. "정책은 행정의 도움 없이는 아무 것도 못 한다" 그렇지만 그렇다고 해서 행정이 정치는 아닌 것이다. 그러나 이 입장에 관해 독일인의 권위가 필요하지 않다. 행정과 정치에 관한 이러한 차이는 지금 다행스럽게도 더 이상의 논의가 필요 없을 만큼 분명해 졌다.

결론으로 꼭 모아져야 할 또 다른 차이가 있다. 그것은 정치와 행정 간의 또 다른 면의 차이에 불과한 것이지만 쉽사리 시선을 끌 수 없는 것이다. 그것은 헌법문제와 행정문제의 차이, 즉 헌법 원리에서 필수적인 정부조정의 문제와 편의상 잘 채택하여 목표를 變改시키는 단순한 도구로서의 문제간의 차이를 의미한다.

어떤 실천적인 정부에서도 혼란스러우리만치 수많은 특성과 혼을 빼리만큼 미세한 차이를 손대지 않고는 행정이 수많은 정부 부처 속 어디에 존재하는지 알 수 없다. 언덕을 오르고 계곡을 내려가며, 각 부처의 아찔하게 높은 준령을 넘고 법령집의 밀림을 해쳐나가서, 여기 저기 깔려있는 "만약에 들"과 "그러나들", "언제들"과 "그렇지만 들"의 주위를 감돌아 마침내는 이러한 부류의 탐사에 익숙하지 않은 일반인

2) *Politik*, S. 467.

의 눈으로 보기에는 길을 잃고 마는 짓을 하지 않고서는, 그래서 결과적으로 논리적 식별이라는 經緯儀를 사용하는데 정통하지 않고서는 행정기능과 비행정 기능을 구별하는 어떠한 구분선도 작동할 수 없다. 행정의 대부분이 세상사람 대부분에게 신분미상인 채로 남아 있고 지금은 정치 "운영"으로 혹은 헌정원리로 혼용되고 있다.

이러한 쉬운 혼동이 Niebuhr의 다음과 같은 말을 설명해 줄 수 있을 것 같다. 그는 말하여 "자유"는 "헌법보다는 행정에 훨씬 많이 의존하고 있다"고 했다. 얼핏 봐도 이 말은 대체로 진실해 보인다. 분명히 실제로 자유의 손쉬운 행사는 행정제도에 보다 많이 의존하고 그 다음에 헌법적 보장에 의존한다. 물론 헌법적 보장만으로 자유의 존재는 확보된다. 그러나 —다시 한 번 생각해보면— 그것이 그토록 진실할까? 건강한 사람의 팔 다리의 쉽고 힘찬 움직임이 지성이 되지 않는 것과 마찬가지로 쉬운 기능적인 활동이 자유가 되지는 않는다. 사람을 지배하는 원리나 헌법의 내부를 지배하는 원리는 자유 아니면 예속의 원천이다. 의존과 종속은 연결 사슬이 없고, 그래서 신중하고 보호적인 정부의 모든 손쉬운 운영 장치에 의해 완화된다고 해서 그것들이 곧바로 자유로 바뀌는 것은 아니다. 자유는 헌정원리와 유리되어 존재할 수 없다. 그리고 행정이 아무리 완벽하고 그 방법이 자유롭다고 하드라도, 또 헌법이 부자유스런 정부원리에 입각하고 있다고 하드라도, 행정은 어설픈 모조 자유 이상의 것을 제공할 수 없을 것이다.

헌법의 영역과 행정기능의 영역 사이의 차이에 관한 명백한 견해를 밝혀, 오해의 소지를 남기지 않아야 한다. 그리고 그러한 견해를 구축할 수 있는 약간 한정적인 기준을 제시할 수 있을 것이다. 행정은 공법을 구체적이고 체계적으로 집행하는 것이다. 일반법을 구체적인 경우에 적용하는 것은 행정행위이다. 예를 들어 조세의 부과와 징수범죄자의 처형, 우편물의 수송과 배달, 육군과 해군의 장비와 충원 등등은 모두 명백한 행정행위이다. 그런데 이러한 일이 시행되도록 지시한 일반법은 분명히 행정밖에 있고 또 우위에 있다. 광범위하게 정부행위를 계획하는 것은 행정적인 것이 아니다. 그러한 계획을 구체적으로 집행하는 것이 행정이다. 그리하여 헌법은 일반법을 통할하는 정부기구들에만 관심을 쏟는 것이 적절하다 할 것이다. 우리의 연방 헌법은 이 원칙을 준수하여 최고위층의 순수집행 부서에 관해서 조차도 아무런 언급이 없고 정부의 입법과 정책결정 기능을 같이 수행하는 연방 대통령에 관해서만 말하고 있으며, 그 원칙들을 해석하고 수호하는 최고 법원의 판사들에 관해서만 언급하고 있으며, 그 판사들에게 그저 말만 하도록 되어 있는 사람들에 관해서는 언급하고 있지 않다.

이것은 의지(Will)와 그에 답하는 행동(Deed)을 구별하는 것과는 사뭇 다르다. 왜냐하면 행정인은 자기 업무를 완수하기 위한 수단을 선택할 때에 자기 자신의 의지를 가져야하고 또 갖고 있기 때문이다. 그는 단순한 수동적인 도구가 아니며 또 도구이어서도 안 된다. 이 차이는 일반 계획과 구체적인 수단 사이에 있다.

정말로 한 가지 점에서 행정연구는 헌법적 기반 —아니면 적어도 헌법적 기반 유사한 것— 을 침해하고 있다. 철학적으로 볼 때 행정연구는 헌정권위의 적절한 배분에 관한 연구와 긴밀하게 연결되어 있다. 능률적으로 운영되기 위해서는, 권위를 손상하지 않고 권위를 배분하는 최선의 방법, 책임을 흐리지 않고 책임을 배분하는 최선의 방법 등, 책임이 실수 없이 공무원에게 부과 되게 하는 가장 간단명료한 장치를 발견해야만 한다. 그리고 이 권위의 배분 문제는, 보다 고차적인 정부기능의 기원이라는 영역을 고려하면, 중심적인 헌정문제인 것이 분명하다. 행정연구가 그러한 배분의 토대가 될 최선의 원리를 발견할 수 있다면 그것은 헌정연구에 말할 수 없이 귀중한 기여를 한 것이 될 것이다. Montesquieu는 이 話頭를 결론짓지 않았다고 확신한다.

공무원이 두 세 명의 주인을 섬기는 다른 곳에서보다는 많은 주인을 섬기는 민주주의 체제하에서 권위 배분의 최선의 원리를 발견하는 것이 모름지기 훨씬 중요하다. 모든 주권자들은 자기의 종복(從僕)을 의심하고 국민주권자도 그 법칙에서 벗어나지는 않는다. 그런데 그러한 의심을 *지식으로* 어떻게 해소시킬 것인가? 그 의심이 현명한 경계에 불과한 것으로 밝혀지기만 한다면 그 의심은 건전한 것이다. 그리고 그러한 경계가 실수 없는 책임부과로 이어 진다면 이 모든 것은 축복 받은 것이다. 의심 그 자체는 사적인 심리에서도 공적인 심리에서도 결코 건전한 것이라고 할 수 없다. 모든 생활관계에서 *신뢰는 힘이다.* 그렇듯이 헌정 개혁자들의 직분은 신뢰의 조건을 마련하는 것이고 마찬가지로 행정 조직인의 직분은 신뢰를 확보해줄 수 있는 명확한 책임조건에 행정을 맞추는 것이다.

광범한 권한과 무기속(無羈束)한 재량은 내가 보기에는 책임을 확보하기 위해 불가피한 조건이라고 말하고 싶다. 좋은 행정에서건 나쁜 행정에서건 공공의 관심은 당연히 찬사를 받아야 할 사람과 비난받아야 할 사람을 정확하게 가리는 데로 지향해야 한다. 권력에는 그것이 무책임하지만 않다면 위험이 없다. 권력이 분할되어 여러 사람의 몫으로 나누어진다면 그것은 흐려진다. 그리고 그것이 흐려지면 무책임해지게 된다. 그러나 그것이 행정의 수뇌부와 행정 각부서의 수뇌부에 집중된다면 쉽게 감시할 수 있고 추궁할 수 있다. 직분을 유지하기 위해서는 공명정대한 성공을 이룩해야하고 그리고 동시에 스스로 많은 자유 재량권을 가질 만 하다고 느낀다면 그의 권력이 큰 만큼 남용을 적게 하게 될 것이고 그로 인해 보다 세심하고 건전하며 고결해질 것이다. 그의 자리가 권력이 적을수록, 보다 안전하게 흐려버리고 눈에 띠지 않게 할 수 있다고 스스로 느낄수록, 보다 더한 태만 속으로 빠져들기 마련이다.

바로 여기에서 우리는 분명히 보다 큰 문제의 —여론과 행정 간의 올바른 관계— 영역에 이르게 된다.

그러나 직무의 신뢰성을 누구에게 밝혀야 하고, 그에 대해 누가 보답해야 하는가? 공무원은 그의 포상과 승진을 공공에게 기대해야 하는가 아니면 사무실의 상관에게만 기대해야 하는가? 국민들은 헌정원리를 정립할 때 개입하듯이 행정원칙을 정립할 때도 개입해야 하는가? 이 질문들은 틀림없이 이 연구전체의 근본문제에서 그 뿌리가 찾아질 것이 분명하다. 그 문제는 곧 여론이 행정 행위의 어느 부분에 참여할 것인가? 이다.

그 정답은 여론은 권위 있게 비판하는 역할을 해야 한다는 것일 듯싶다.

그러나 여론의 권위가 통할 수 있는 *방법*이 무엇인가? 행정을 조직화하는데 미국만이 갖는 독특한 어려움은 자유를 잃는 위험이 아니라 자유의 본질과 그에 부수적인 것을 분리할 수 없거나 분리시키지 않으려고 하는 위험이다. 우리들의 성공은 우리를 따라 다니는 우리들 자신이 만든 과오 즉 투표로 너무 많은 것을 하려고 하는 과오 때문에 의심스럽다. 자치정부란 반드시 자기 손으로 손수 음식을 요리하는 것과 같이 이루어지는 것은 아니다. 요리사에게는 화덕과 가마솥의 관리와 같은 큰 재량권을 주어야 한다.

여론에 대해 널리 깨우쳐져 있고 막무가내 자기 길만을 의도하는 이 나라에서보다는 여론의 특권을 아직은 더 일깨워줘야하고 아직 여론의 갈 길에 대해 익숙하지 않는 나라에서는 여론의 영역에 관한 것과 같은 문제는 훨씬 쉽게 해결될 수 있다. 독일인 정치학 교수가 자기 국민에게 "국가 일에 관해 의견을 갖자"는 말을 하기 위해 책을 한 권 쓰는 것을 보면 애처로운 감이 든다. 그러나 그토록 얌전한 공공은 여론이라는 것은 적어도 명령적으로 생각하고 말하는 권리를 갖지 않는다는 것을 아주 양순하고 묵묵히 배울 것으로 기대할 수 있다. 그러한 공공은 나태할지는 몰라도 간섭을 일삼지는 않는다. 그러한 공공은 가르치러하기에 앞서 배우러 자처할 것이다. 정치 활동에 앞서 정치 교육을 받을 것이다. 우리나라에서는 여론을 교육하려고 하면, 우리는 사전에 교육을 충분히 받았다고 스스로 생각하는 학생을 다루는 것이 된다.

문제는 여론을 방해가 되지 않으면서 능률적인 것이 되게 하는 것이다. 공공비판이 일상사를 세부적으로 직접 감시하고 일상의 정부 수단을 직접 선택한다면, 그것은 물론 서투른 훼방이고 섬세한 기계를 거칠게 다루는 것과 같다. 그러나 공공비판이 정치와 행정에서 공히 정책을 형성하는 보다 큰 세력을 지휘 감독한다면 그것은 모두 안전하고 유익한 것이며 필수 불가결한 것이다. 행정연구로 하여금 공공 비판이 그러한 통제를 할 수 있도록 해주면서도 다른 모든 방해를 막아낼 수 있는 최선의 방법을 찾아내도록 해야 한다.

그러나 행정연구가 국민들에게 어떤 행정을 원하고 요구해야 하며 어떻게 그 요구하는 것을 얻을 수 있는가를 가르치는 것으로 그 전체 임무를 다했다고 할 수 있을까? 공직 희망자를 훈련까지 시키면 안 될까?

지금 이 나라에 보편적인 정치 교육을 지향하는 경탄할 운동이 전개되고 있다. 어떤 명문 대학도 잘 짜여 진 정치학 교수진이 없이는 행세할 수 없는 날이 곧 올 것이다. 그러나 그런 식으로 전달되는 교육은 일정한 한계 속에서 진행될 뿐이다. 그러한 교육은 정부를 지적으로 비판하는 사람의 수를 배가시킬 것이나 유능한 행정가 집단을 만들어 내지는 못 할 것이다. 그 교육은 정부의 일반 원리에 관한 확실한 이해의 기반을 개발하는 길을 마련해 줄 것이지만 반드시 정부 운영 기술을 육성해 줄 것이라고는 할 수 없다. 그것은 立法家를 육성할 것이며 아무래도 집행공무원은 육성하지 못할 것이다. 정부의 원동력이 되는 여론을 개선하고자 한다면 우수한 공무원을 키워 정부 기구로 삼아야 할 것이다. 새로운 보일러를 장치하여 정부기구를 운전 해 가는 불을 지피고자 한다면 우리는 새로운 동력을 최선으로 받아들이기 위해 낡은 바퀴와 연결고리, 밸브 그리고 피대를 그대로 두어 삐걱거리고 윙윙거리고 덜컹거리게 해서는 안 될 것이다. 우리는 힘이 조금이라도 모자라고 혹은 잘 맞지 않은 부품이 있으면 그것이 어디에 있든 간에 새로운 작동부품으로 바꿔 설치해야 한다. 공무원 경쟁시험을 기술적인 지식까지를 다루는 공정한 상설 시험을 확실하게 준비해야할 수준까지 끌어 올려서 민주주의를 조직화할 필요가 있다. 현재로서는 기술 교육을 받은 행정공무원이 불가피하게 될 것이다.

특수 교육과 훈련을 받고 임용된 뒤에 적절한 위계질서와 특수한 계율을 갖춘 완전한 조직을 이룩한 공무원 집단이 아주 사려 깊은 많은 사람들이 보기에, 거기에 포함된 여러 요소들이 조합되어 공격적인 공무원계층— 진취적이고 자유스러운 정신을 가진 사람들의 감정과는 동떨어진 감정을 갖는,

속이 좁아 편협한 관료주의의 인색함을 지닌 별난 半협동적인 단체를 형성하는 것으로 보인다. 미국에서 그러한 계층은 분명히 모두가 가증스럽고 해로운 존재들이다. 그러한 공무원 계층을 만들어 내려는 어떠한 계산된 조처도 우리에게는 반동적이고 어리석은 조처가 될 것이다.

그러나 이러한 연구들의 결과물로, 관료집단은 지배적이고 부자유스럽기 때문에 그 창설을 염려하는 것은 내가 가장 강조하고자 했던 원칙을 또한 망각하는 것임을 여기에서 밝힌다. 그 원칙이란 미국에서의 행정은 모든 점에서 여론에 민감해야 한다는 것이다. 우리는 어떠한 경우에도 좋은 활동으로 봉사하는 철저하게 훈련된 공무원 집단을 가져야한다. 그것은 명백히 사무적으로 필요한 것이다. 그러나 그러한 집단이 비-미국적인 어떤 것이 될 것이라는 염려는 무엇이 좋은 행동을 구성하는가?를 묻는 순간에 해소될 것이다. 그 문제에는 그 안에 명백한 답을 갖고 있다. 그들이 봉직하는 정부의 정책에 꾸준하고 열정적으로 전념을 다하는 것이 좋은 태도를 이룩할 것이다. 그 정책은 관료적인 색채가 없는 것이다. 정책은 직업공무원에 의해 형성되지 않고 여론에 대해 직접적이고 불가피하게 책임을 져야하는 정치인들에 의해 형성될 것이다.

관료제는 국가의 전체 업무가, 상층부나 일선기관 할 것 없이 모두가, 국민들의 일반 정치 생활로부터 분리되는 곳에서만 존재할 수 있다. 그 동기, 목표, 정책 그리고 그 기준이 관료제적이어야 한다. 모든 부처의 장이 그래야만 하듯이 국민을 위해 진정으로 봉사하는 부처의 장 밑에서 근무하는 공무원으로부터는 철면피하게 배타적이고 자의적인 예를 들추어내기가 어려울 것이다. 반면에 Stein의 영향을 받은 Prussia에서처럼 진정한 공공 정신에 고취된 한 정치인의 지도력이 건방지고 형식적인 관청을 공정한 정부의 공공정신이 함양된 도구로 전환시켜 놓았던 것과 같은 예는 쉽게 들 수 있다.

우리가 이상으로 삼는 것은 재치 있고 생기발랄하고, 그러면서도 선거와 지속적인 여론의 자문을 받아 공공의 생각과 밀접하게 연결되어, 자의성이나 계급의식을 찾는 다는 것이 문제가 될 수 없을 만큼의 행위를 하기에 충분한, 교양 있고 자긍심 넘치는 행정이다.

Ⅲ.

지금까지 이 행정연구의 주제와 대상을 몇 가지 살펴본 바로 그에 가장 적합한 방법은 무엇이라고 결론지을 수 있을까—그것에 대해 가장 유익한 견해는 무엇일까?

정부는 우리와 아주 가까이 있고, 우리의 일상생활을 친숙하게 매우 많이 다루는 것이기 때문에 그에 관한 철학적 연구의 필요성을 깨닫기 어렵고 혹은 그러한 연구를 착수했다고 하드라도 정확한 요점을 파악하기가 어렵다. 우리는 연구를 위해 너무 많이 걸었으므로 지금에 와서 걷는 방법을 연구할 수는 없다. 우리는 수세기에 걸친 실험적인 훈련을 통해 자치정부에 매우 익숙하고 매우 잘 적응하고 있는 실제적인 국민이기에 우리가 채택하고자 하는 특별한 체제에 대해 더 이상 어색함을 느끼지 않아도 된다. 그것은 바로 우리가 어떤 체제도 쉽게 사용할 수 있기 때문이다. 우리는 통치술을 연구하지 않는다. 우리는 통치한다. 그러나 계몽되지 않은 단순한 사무 재능은 우리로 하여금 비참한 행정 오류로부터 벗어나지 못하게 할 것이다. 오랜 전통과 반복적인 선택 속에 민주주의를 하지만 우리는 아직도 상당히 어설픈 민주주의자들이다. 민주주의가 오래되었다고는 하지만 현대적인 사조와 조건에 바탕을 둔 민주주의의 조직화는 여전히 미완의 작업이다. 민주주의 국가는 벌써 이 산업과 교역의 시대적 요구가 매우 빨리 커지고 있는 엄청난 행정 임무를 수행해낼 장비를 마련했어야 했다. 정부에 관한 비교연구 없이는 우리는 행정이 민주주의 국가에서는 비 민주주의 국가에서와는 근본적으로 다른 기반 위에 서있다는 오해로부터 벗어날 수 없다.

그러한 연구를 한 후에, 민주주의가 논쟁을 통해 공공복리에 영향을 미치는 모든 중요한 문제를 결정하고 모든 정책의 틀을 절대 다수의 의지 위에 자리 잡게 하기에 충분할 만큼 명예가 있음을 인정할 수 있을 것이다. 그러나 우리는 모든 정부에 걸쳐 다 좋은 하나의 행정규칙 만을 찾아내야 한다. 행정기능만을 놓고 본다면, 모든 정부는 매우 유사한 구조를 갖는다. 그보다도 정부가 한결 같이 유용하고 능률적이기 위해서는 그것들은 구조적으로 아주 유사해야만 할 것이다. 자유인은 그의 동기, 임무, 정력이 아무리 다르다고 하드라도

노예와 똑 같은 신체 조직과 똑 같은 운동 기관을 갖는다. 군주제와 민주제는 다른 여러 가지 면에서는 근본적으로 다르겠지만, 실제로 보살펴야하는 임무는 아주 똑 같다.

오늘날에는 이렇게 모든 정부가 사실상 유사하다고 주장해도 아주 무방하다. 왜냐하면 오늘날은 권력의 남용이, 우리나라와 같은 곳에서는 전에 없이 과감하고, 기민하고, 의심 많고, 탐색적인 대중의 생각과 공공의 확고한 독자성에 의해 쉽게 밝혀지고 저지되는 시대이기 때문이다. 우리는 그것을 깨닫는 것이 더뎠지만 그것을 깨닫는 것은 쉽다. 미국에서 개인정부를 상상해 보자. 그것은 전 국민이 Zeus신을 상상하는 것과 같다. 우리는 개인의 위업을 상상하기에는 너무도 현대화되었다.

그러나 교육을 받고 시사를 받기 위해 외국 행정체제를 탐구해야 한다는 생각을 접해 놀라지 않기 위해, 즉 우리의 원리와 양립 할 수 없는 무엇인가를 맹목적으로 차용할지도 모른다는 우려를 없애기 위해, 행정의 정당한 목표는 모든 정부에 걸쳐 똑 같다는 것을 반드시 알아야 할 필요가 있고 그 밖에 그렇게 하는 것이 안전하다. 외국 제도를 이 나라에 이식하고자 하는 시도를 비난하는 사람은 눈이 어두워 방향감각을 잃은 사람이다. 그런 시도는 불가능하다. 즉 외국 제도가 무탈하게 여기에서 자랄 수는 없을 것이다. 그러나 우리가 원하는 대로 외국에서 고안된 부분들을, 어떻든 그것들이 쓸모 있는 것이라면, 그것을 사용하지 못할 이유가 없지 않는가? 우리가 그것들을 외국식으로 사용할 위험은 없다. 우리는 쌀을 도입해 왔지만 그것을 젓가락으로 먹지는 않는다. 우리는 모든 정치언어를 영국으로부터 도입해 왔지만 "왕"과 "영주"라는 말은 제외 시켰다. 개인에 대해 행하는 연방정부의 행위와 연방법원의 몇 가지 기능을 제외하면 도대체 우리가 독창적으로 고안한 것이 무엇인가?

우리가 조건의 근본적인 모든 차이를 그 본질적인 의미까지를 읽기만 한다면 행정을 안전하고 유익하게 도입할 수 있다. 우리 것을 우리 헌법을 통해 여과시키기만 하고 서서히 타오르는 비판의 열기 위에 올려놓기만 하여 외국 기운을 증발시켜 버리면 된다.

양식 있는 애국자들의 마음속에는 유럽제도의 연구가 미국 방법보다 외국 방법이 더 좋을 것이라는 신호를 보내는 것이라는 은근한 걱정이 있다는 것을 안다. 그리고 그러한 걱정은 쉽게 이해가 간다. 그러나 다른 어떤 사람과 더불어 서도 그것을 공언하기는 어려울 것이다. 이 연구를 제안하기 위해서는 모국을 제외한 세계 모든 곳을 고찰하는데 대해 갖는 모든 편견을 그렇듯 떨쳐버리자고 더욱 주장할 필요가 있다. 왜냐하면 정치학의 전 영역에서 어느 곳에서도 역사적인 방법과 비교적인 방법을 이 행정의 영역에서 보다 더 안전하게 사용할 수 없을 것 같아 보이기 때문이다. 모름지기 형식이 보다 참신해지면 연구도 그만큼 더 잘 될 것이다. 우리는 금방 우리 자체의 방법의 특성을 알게 될 것이다. 우리 것과 우리 것을 비교해서는 우리의 약점도 장점도 결코 알 수 없다. 우리는 우리 제도의 겉모습과 절차에 너무 익숙해져 있기 때문에 그 진정한 의미를 알지 못한다. 아마도 영국 체제도 우리 것과 너무 많이 닮아 그것을 사용해 설명하면 최선의 효과를 낼 수 없을 것이다. 대체적으로 우리 고유의 분위기를 완전히 벗어 던지고 불란서나 독일의 체제와 같은 체제를 최대한 신중히 연구하는 것이 최선일 것이다.

그러한 매개체를 통해 우리 자체의 제도를 고찰한다면 외국인들이 우리를 편견 없이 볼 수 있듯이 우리도 외국인이 고찰하듯이 우리 자신을 고찰할 수 있을 것이다. 우리가 우리 자신만을 안다면 우리 자신에 대해 아무 것도 모르는 것이다.

행정의 분야에서 비교 방법을 그토록 안전하게 해주는 것은 이미 그려진 행정과 정치 사이의 구별임을 밝히고자 한다. 우리가 불란서와 독일의 행정체제를 연구할 때 우리는 정치원칙을 탐구하고 있지 않다는 것을 알기 때문에 불란서인이나 독일인이 그들의 실제를 우리에게 설명할 때 그들의 실제에 관련된 헌법적 혹은 정치적 이유에 대해 조금도 신경 쓸 필요가 없다. 만약 내가 살인을 하려는 자가 예리하게 칼날을 갈고 있는 것을 본다면 그자로부터 그 칼을 가지고 살인을 하려는 개연적인 의도를 버리고 칼을 가는 방법만을 배워올 수 있는 것이다. 그래서 마찬가지로 철저한 독재자가 행정 관서를 잘 관리하는 것을 본다면 나의 공화론적 소신을 바꾸지 않고서 그의 직무 방법만을 배워올 수 있는 것이다. 그가 자기의 왕을 받들지라도 나는 여전히 국민을 받들 것이다 그렇지만 그가 그의 주권자를 받들 듯이 나는 나의 주권자를 받들 것이다. 이러한 견해차를 유지함으로써 —다시 말해 우리의 정치를 편리하게 실현해주는 수단으로서, 또 모두에 대하여 민주적인 정치를 각자에게 행정적으로 실현시켜주는 수단으로서의 행정을 연구함으로써— 우리는 완벽하게 안전한 기반 위에 설 수 있고 외국체제가 우리에게 가르치려 하는 것을 착오 없이 배울 수 있다. 그리하여 우리는 비교연구 방법에 비중을 두고자 하는 것이다. 그래서 우리는 외국정부를 해부하여 그들의 어떤 질병도 우리의 혈관으로 감염되올 우려를 불식한 가운데 면밀하게 검토할 수 있는 것이다. 즉 혈액-오염의 염려 없이 외국체제를 분석할 수 있는 것이다.

우리 고유의 정치가 모든 이론의 시금석이 되어야 한다. 미국 행정학이 기초로 삼는 원리들은 그 바탕에 민주적 정책을 매우 많이 간직한 원리라야 한다. 그리고 미국의 습관에 맞는 이론이기 위해서는, 이론이 그렇듯이, 모든 일반이론은 공개 논쟁에서 뿐 만 아니라 우리들의 마음속에서조차도 점잖 하게 이면에 남아 있어야 한다. 그렇지 않으면 도서관속에서의 기준만을 충족시킬 수 있는 의견이 마치 실제 현실 정치 기준도 만족시킬 수 있다는 듯이 독단적으로 사용될 것이다. 순수 이론적인 고안은 실제적 검증을 뒤에 받게 된다. 다른 모든 곳에서 결론적으로 경험적인 검증을 받았고 미국의 습관과도 어울리는 제도는 주저할 것 없이 이론적인 완벽함보다 더 우선 시 되어야 한다. 한마디로 꾸준한 실제적 정치 정신이 우선 시 되어야 하고 이론적인 원리는 그 다음에 와야 한다. 세계 공통적인 무엇을 할 것인가(what-to-do)는 반듯이 미국식으로 어떻게 할 것인가(how-to-do)의 지배를 받아야 한다.

우리들의 의무는 연방조직과 체제 속의 체제에 가능한 한 최선의 활력을 불어넣는 것이다. 즉, 읍, 시, 군, 주 그리고 연방 정부가 각자가 의심할 것 없이 독자적인 주체성을 유지하면서도 모두가 상호의존적이고 협동적이게 하는 독립성과 상호 협조성을 결합하는 모두가 하나 같이 힘 있고, 다 같이 확실히 건강하게 생활하도록 하는 것이다. 이 과업은 우리의 최선의 정신을 끌어내기에 충분하다.

이렇게 지방자치 정부와 연방자치 정부를 교차시키는 것은 매우 현대적인 개념화다. 그것은 독일에서의 제국주의적 연방과는 다른 제도이다. 거기에서는 지방정부가 아직 완전한 지방 자치정부가 아니다. 관료는 어디에서나 바쁘다. 그의 능률은 단체정신, 상관 권위에 대해 아부하여 복종하려는 관심, 혹은 잘해봐야 민감한 바탕의 양식으로부터 생겨난다. 그는 공공대중에 대해 봉사하는 것이 아니라 무책임한 장관에 대해 봉사한다. 우리에게 문제가 되는 것은 정부안의 일련의 정부들이 어떻게 하여 공무원이 자기 재능을 다 바치는 최선의 노력과 가장 건전한 자기 양식을 갖고 상관만이 아니고 공동체를 위해 봉사하는 것이 그들의 관심사가 되도록 관리할 것인가? 하는 것이다. 어떻게 하여 그러한 봉사를, 자신의 생계에 크게 기여하고자 하는 가장 일반적인 관심사, 자신의 포부를 키우고자하는 가장 존귀한 관심사, 그리고 자신의 명예를 높이고 개성을 확립하고자하는 최고의 관심사가 되도록 할 것인가? 그리고 어떻게 하여 그것이 부분 지방과 전체 국가 모두에 걸쳐 이루어질 수 있게 할 것인가?

이 문제를 해결하면 우리는 다시 한 번 세계를 조종할 수 있을 것이다. 아직은 희미하지만 벌써부터 꾸준하게 추진되고 우선 영국과 같은 부분 제국의 연합과 마지막으로 거대한 국가 자체의 연합을 지향하여 압도하고자 하는 분명한 목표를 가진 경향이 있다 — 그렇다고 할 수 있지 않을까? 권력을 집중화시키는 대신에 통치권이 관대하게 분할되는 광범위한 연합을 형성하려는 것이다. 이것이 바로 공통의 목표추구를 위해 명예로운 평등과 존경받을 수 있는 종속을 유지하면서 정부와 정부가 결합하는 미국식 정부 형태를 지향하는 경향이다. 시민 자유의 원칙이 도처에서 육성되듯이 정부관리 방법도 촉진되고 있다. 정부 관리의 방법과 수단에 관한 비교연구가 우리로 하여금 그러한 정부의 행정에서 공개성과 생기발랄함을 모든 진지하고 잘 유지되는 공공비판에 대한 익숙함을 실천적으로 결합해 줄 제안을 제시할 수 있도록 해 줄 수 있다면 그러한 연구는 정치학 연구라는 거대한 부문 가운데서 가장 탁월하고 가장 유익한 결실을 얻은 지위에 오를 만한 가치가 있었음을 스스로 입증하는 것이 된다. 그러한 행정연구가 그러한 제안을 하게 될 것이라는 것을 믿어 바라마지 않는다.

Wilson의 1887년 논문:
"당당한 거짓말(Noble Lies)"을 하고 있는가?

____David E. Marion

편집자 주

Marion의 논제가 참신한 것은, Wilson이 정치·행정이원론을 제안한 것은 그가 그것을 믿었기 때문에서가 아니고 그것이 쟁점을 부각 시켜 글을 쓰는데 유용한 수단이었기 때문이라고 하는 것이다. Wilson은 정치와 행정 간의 관계에 관한 보다 복잡한 견해가, 1880년대 시민들 자신이 발전된 상태에 놓여있음을 발견하고 스스로 매우 만족해하여, 시민들 사이에 생길 수 있는 의견분산을 막고 절박하게 요구되는 능률적인 행정에 관심을 집중시키기 위해 행정으로부터 정치를 분리시켰다.

즉 그 이원론은 근본적으로 미국의 민주주의를 가능하면 빨리 제4단계이자 마지막 단계인 "능률"의 단계에 성공적으로 진입시키는데 도움을 주려는 "당당한" 목적을 위한 "거짓말"을 표방하고 있다고 Marion은 주장한다. 그 논문에서 혼란스럽거나 역행하는 것 그리고 만족스러워 보이는 것을 Marion은 단지 Wilson이 행정을 강조하여 그것에서 다른 모든 것을 털어 내버리려는 그의 욕망과 현실은 쉽게 그렇게 될 수 없다는 것을 알고 있는 그의 깊은 이해 사이의 갈등으로 보고 있다.

여기에 행정학도들이 끊임없이 직면하는 하나의 근본 문제인 관료제와 민주주의에 관한 Woodrow Wilson의 접근방법에 대한 흥미 있고 독특한 분석이 있다. 납득이 되시지요.

Marion은 Virginia 소재 Hampden-Sydney대학 정치학과 학과장이며 New Hampshire소재 Northern Illinois Plymouth State대학에서도 가르치고 있고 Virginia 대학에서 정식 객원교수로 행정학 대학원 과정에서 가르치고 있다. 그는 Ford와 Earhart 재단으로부터 장학금과 후원금을 받았고 Wye-Aspen연구소와 Humanities/American 정치학 협의회 재단에서 하계 학술상을 수상했다. 그는 많은 학술지에 논문을 썼고 그의 논문은 많은 책들과 정부기관 간행물에 편저되었다. Marion은 이백주년 국가위원회 홍보국에서 일하고 있다.

■ 현대 민주주의에 적합한 행정의 형태에 관한 Woodrow Wilson의 사고를 고찰하는 것은 좁게 인식된 미국 행정에 대한 연구에 진입하기에 유용할 뿐만 아니라 입헌 주의하의 현재의 통치(governance)상태에 대한 재검토의 기회가 되게 한다. 정확하게 Wilson의 관심의 범위 특히 아주 넓게 미국의 조건에 관해 관심을 갖고 있기 때문에 행정에 관한 그의 고찰은 입헌-정치체계를 포괄적으로 고찰하는 길을 열어 주고 있다.

그의 1887년 논문 "행정의 연구"를 출발점으로 하면 우리는 우리에 관한 보다 많은 것을 알 수 있다. 우리의 특별한 장점과 약점, 개혁이 필요한 곳 그리고 필요한 변화는 어떤 모습을 취해야 하는가를 알 수 있게 해 줄 것이다. 무엇보다도 Wilson의 사고가 그의 논문 발표 100주년과 미국 헌법 200주년의 합동 축하에 즈음해 모두의 존경을 받을 수 있는 미공화국의 역량과 품위를 고양시키는데 기여했다는 것이다. Wilson은 우선 정치학자가 아니라 여기에서 정의하건데 진화적이고 발전적인 역사과정을 신봉하는 역사가로 정치 생활에 관한 종합적인 견해를 발전시켰다.

Wilson의 정치와 행정 사고에 관한 어떠한 고찰도 두 가지 사실 즉 그가 정치 발전을 바라보는 방법이 역사주의자라는 사실과 그가 미국 공동체의 헌신적인 시민이라는 사실에서 시작해야 한다. 그것은 그가 미국을 확신에 찬 완벽히 능률적인 민주주의라는 역사 발전의 최종 단계로 이끌려는 깊은 성심을 설명하는 일들을 종합한 것이다. Wilson으로서는 헌정제도는 생물(living thing)로서 자체의 완결성을 탐색하고 국민들의 전반적인 정치적, 사회적 권리의 선진 상태가 되는 완벽한 역사 발전의 촉진 날개를 갖추고자 한다.[1] 이러한 구도 속에서 그러한 완벽한 역사 발전이 이룩될 수 있다고 보는 것은 국가와 국민 서로에게 유익한 것은 분명하다.[2] 헌신적인 시민 그리고 공직자로서의 Wilson은 물론 학자로서의 Wilson은 아무것에도 만족하지 않았다. 실로 어떤 것에 적게 만족한다는 것은 미국에서 궁극적으로 사회적 폭동이나 혁명을 구한 것이고 그가 그의 전임자 Hamilton처럼 미국이 다른 나라들을 위해 마련해 줄 수 있으리라 믿었던 국제적 지도 질서를 박탈하는 것이다.[3]

영국 의회 모델에 기초한 의원내각제 정부를 옹호하는 의회의 위원회 제도에 대한 Wilson의 비판은, 최소한 행정에 대한 의존의 갈구는 미국을 완벽한 민주 국가로 바꿔 놓겠다는 그의 현시된 욕망에 비추어 볼 때 그야말로 완전히 지성적인 것이라 할 것이다. Wilson은 그의 생애 동안에 미국이 질적인 발전을 이룩하는 순간이 올 것이라는 신념을 약화 시키지는 않았다. 그는 그러한 전환의 어려움을 결코 경시하지 않았다. 1913년 Gettysburg, 7월 4일의 연설에서 밝힌 필요한 개혁을 실현하는데 필요한 집단적 결의에 관한 그의 견해를 극적으로 집약하고 있다. 남북 전쟁을 염두에

1) Woodrow Wilson, *The State* (Boston: D.C. Heath, 1899), 576.

2) Woodrow Wilson, *The New Freedom* (Englewood Cliffs, NJ: Prentice Hall, 1961), 54.

3) John Rohr, *Ethics for Bureaucrats*(New York: Marcel Dekker, Inc., 1978), 207과 208.

두면서 Wilson은 "영웅적인 전쟁 기간 동안에 우리가 이룩했던 것보다 더 어려운 일을 맞이하게 되었다. 명확히 알기가 더욱 어려워졌기 때문에 보다 높은 안목, 보다 냉정한 균형 잡힌 판단, 바로 그 권리의 원천에 대한 보다 솔직한 봉사가 필요하다"[4]고 경고 했다. 남북 전쟁과 비교하고 있는 것을 고려해 보면 Wilson은 분명히 높은 역사적 명예는 조국이 이 새로운 시대의 도전을 감당해 낼 수 있게 하는 지도자에게 부여된다는 것을 믿고 있었다. 그 자신의 행위의 강도는 그가 한 부분을 차지하고 있는 역사적 계기에 관한 그의 견해에 의해서만 증폭되어 올 수 있었다. Wilson은 그가 공직에 있을 때 글과 행동을 통해 "운동을 촉진"[5]하는데 앞장서고자 했다. 그의 1887년 논문도 그 "운동"의 한 부분이었다.

별도의 서설적 고찰을 해보자. Wilson의 행정에 관한 사고는 미국 행정개혁 운동의 제2단계의 한 부분을 차지했다. Charl Schurz나 George William Curtis와 같은 초기 개혁자의 목표는 정부의 도덕성을 전반적으로 증진시키자는 것이었다. 정부의 평가 가운데 무엇보다도 행정이 "비정치화"할 것을 요구 했다. 19세기의 대부분에 걸쳐 횡행했던 엽관제에 수반되었던 "정치화"는 오직 부패와 특혜, 공권력의 자의적인 남

4) Arthur S. Link, ed., *The Papers of Woodrow Wilson* (Princeton, NJ: Princeton University Press, 1966), vol.28, 24 권 호와 p를 이후 Wilson이라 한다.

5) *Op. cit.*, 25.

용을 초래했을 뿐이다. 실적제 공무원제의 도입은 초기 개혁 운동의 결과의 하나다. 반면에 인사제도가 비정실적이어야 한다는 견해에 따라 여러 결과가 나타났다. 그 후자의 확신은 공무원이 정당 정치에 참여하는 것을 금하는 1939년 연방 Hatch 법과 주정부 수준의 "소 Hatch법"이라 불리 우는 입법으로 나타났다.

Wilson을 놓고 보면 그는 이 첫 단계의 개혁을 건너편에서 지켜봤다. 인사행정에 관한 정치적 조작이 성공적으로 이루어짐과 더불어 제2기의 개혁 기간 동안 수행해야 할 행정학도의 새로운 과업은 초기 개혁자들이 올려놓았던 고차원의 도덕적 정치 질서의 틀 속에서 행정의 업무 지향적인 성질(business-like quality)을 증진시키는 것이다. 무엇보다도 첫 번째 개혁 운동과 두 번째 개혁 운동의 연계는, Wilson의 1887년 논문에서, 끊임없이 비평되는 정치와 행정의 분리를 명확히 해주고 있다. Carl Schurz와 같은 개혁자들은 행정의 품위와 신뢰를 잠식하는 정당정치의 폐해를 비난 했다. 그리하여 정치적 동기에 근거한 행위에 대해 의심을 갖는 신중함을 깨달아야할 필요가 있게 되었다. Wilson은 정치 행정의 분리를 당연한 실제 가치로 받아들이지만 그 자신의 논리의 본질은 마침내 문제가 되는 성질을 드러냈다. 유감스럽게도 Wilson은 일차 개혁 기간에 유용해 보였던 정치와 행정의 사실상의 무리한 분리에 의존했던 그의 결정 때문에 행정이라는 주제에 대한 성찰에서 비롯된 그의 공헌을 심각한 위험에 빠뜨리고 있다. 그렇지만 Wilson의 정치 행정 사상에 대한 더 이상의 일반적인 고찰을 하기에 앞서 그 논문의 주된 요점과 경향을 고찰하는 것이 유익할 것이다.

I.

Wilson의 행정 연구에 관한 논문은 행정학과 아울러 이 학문의 연구와 실행에 관한 교육 자료를 옹호하고 있다. 그도 인정하고 있듯이 넓게 인지된 행정이라는 주제가 Wilson이 그 논문을 쓰고 있을 때 그를 부각시켰다는 점을 지적할 가치가 있다. 그 논문을 발표한 직후 Almont Barnes에게 보낸 편지를 보면, Wilson은 "그 주제에 대한 그의 관심은 헤아릴 수 없는 것이라"고 덧붙이면서도 "감정을 토로한 점(effusion)"에 대해 사과하고 싶어 하는 강박감을 느꼈다.[6] 그 논문은 일관성과 확정된 의미를 결하고 있다는 오랜 불만에 비추어 보면 그 편지에서 Wilson이 공개적으로 자기주장의 명료성을 의심해 걱정하고 있다는 것은 의미 있는 일이다. Wilson은 "'계간지'에 쓴 내 논문이 너무 광범위하고 너무 일반적이고 너무 모호해서 *내가 사로잡고자 하는 사람들의* 그러한 분야에 대한 관심의 핵심을 적중하지 못할 까 두렵다"고 쓰고 있다(강조 첨가).[7]

---

6) Woodrow Wilson, "행정의 연구와 더불어 Almont Barnes에게 보낸 편지(Letter to Almont Barnes Together with "The Study of Administration,)" "n.p., 1924(Washington: 국회도서관 희귀본 저장고(Library of Congress Rare Book Collection)), 7.

7) *Ibid.*, 5; 강조 첨가.

Wilson은 행정 개혁의 지지자들은 인사뿐만 아니라 "정부 직무의 조직과 방법"까지를 다뤄야 하는 문제들을 포함시키는 데까지 그들의 관심 영역을 넓혀야만 하고 그리하여 미국이 자체로서 완벽하게 되고 완벽한 정부의 전형이 될 수 있게 한다는 관찰 속에서 그의 1887년 논문을 구상한다. 이러한 보다 포괄적인 접근 방법의 요구는 그가 요약한 행정연구의 목적 속에 나타나 있다. 즉 우선 결정해야할 것은 "무엇을 정부가 당연히 그리고 성공적으로 할 수 있는가"이고 그 다음에는 " 어떻게 그 일들을 가능한 한 가장 능률적이고 금전이 되었건 정력이 되었건 가능한 한 최소의 비용으로 할 수 있는가"를 생각해야 한다.[8] 요컨대 그의 행정의 연구는 정치적인 목표나 목적과 아울러 행정적인 수단에 관한 언급까지를 포함하여 기술하고 있다. 이 논문의 후반부에 나타나는 행정활동의 몇 가지 특징에 대조하여 Wilson은 우선 행정의 연구는 정치적인 것임이 확실하고 따라서 당연히 행정학도는 정치생활에 관한 대주제와 문제를 고찰해야할 필요가 있다고 밝힌다. 우리가 정치와 행정의 분리는 Wilson에게는 임시적인 보다 유용한 도구였다고 주장하고 또 우리들 거의 모두가 그의 사고의 실체를 반영한 것이라기보다는 "당당한 거짓말"의 하나라고 말할 수 있는 것은 그러한 관련 속에서 가능한 것이다. Wilson이 행정 제도와 활동에 대해 어떤 추천을 하든 그것은 그의 사물에 대한 정치적인 이해에 따른

8) Woodrow, "행정의 연구," *Political Science Quarterly*, 2(June 1887), 197-222.

것이다. 행정연구와 정치연구는 그 본질적인 차원에서 그렇게 밀접하게 연결될 수 없다.

행정연구에 대한 그의 넓은 개념화에도 불구하고 Wilson은 그에 대한 체계적인 연구는 비교적 새로운 시도라고 계속해서 상당히 길게 지적하고 있다. 그렇지만 이 학문과 관련된 문제들이 Wilson 스스로의 인정에 의해 전적으로 새로운 것이 아님이 드러났다. 아울러 행정학 연구는 미국학자들한테는 새로운 것으로 나타났지만 유럽의 학자와 실무가들에게는 그렇지 않았다. 초기적인 인상에도 불구하고 그 주제에서 주요한 것은 새롭다는 데 관심이 많이 쏠리기 보다는 체계적이고 과학적인 연구가 최근에야 이뤄지고 기본적으로 외래적이라는 데 관심이 많이 쏠린다는 것이다. 그러나 이러한 주장 또한 지나치게 단순하다는 것이 드러났다. 그것은 관습적인 의미에서만 외래적인 것이다. Wilson이 그것은 궁극적으로 어떤 한 국가나 주 혹은 지역에만 속하지 않는 진실로 보편적인 학문이라고 주장하는 데서 알 수 있다.

곧 이어서 Wilson은 행정의 연구를 필요이상의 혼란 속에 쌓이게 했다. 그것은 무엇을 의미하는가? 그 대답은 그가 그 논문을 쓸 때 그 작업의 기능과 그의 주장을 구성하는 본질적인 핵심 그리고 정치와 행정 발달의 참된 성질에 해당하는 것을 구별하는 데서 찾을 수 있다. 보다 구체적으로 말해 미국에서의 행정연구에 대한 관심과 입헌-정치 연구 간의 차이를 설정하고 그 위에 역사적으로 본 구별과 실제적으로 과장된 차이를 자리매김 함으로써 Wilson은 종래 헌정 문제와 관련된 권력 분립(divisiveness)은 행정 연구의 고유한 것이 아니고 따라서 행정연구에 영향을 미쳐서도 안 된다고 주장하는 입장을 취하게 되었다. 또한 우리가 잊지 말아야 할 것은 Wilson이 미국의 정치 공동체를 능률적인 민주주의로 만드는 것을 대단히 중시했다는 점이다. 그렇게 보면 Wilson은 행정학 연구가 모든 목소리를 수용하고 더 나아가 일반적으로 수용될 수 있다는 것을 확실히 하고자 했다. 행정은 비 정당 적이어야 하고 헌정과 얽힌 낡은 정치적 갈등에 의해 영향 받아서는 안 된다는 주장은 그것을 촉진했다. 그 논문이 사용하는 수단적인, 거의 임상적인 접근 방법은 그 목적을 위해 사용되고 있으며 기능적이거나 실천적인 고려가 이 논문의 접근 방법의 이면에 깔려있다는 주장을 강화해 주고 있다.

행정에 대한 관심의 표출에 관한 Wilson의 논평을 뒤 따라 마찬 가지로 흥미 있는 주장이 나오고 있다. Wilson에 따르면 이것은 그때 당시 정부의 복잡성에 까지 추적될 수 있다는 것이다. 그렇지만 정부는 항상 그들의 기술과 자원을 쓰는 문제를 다뤄야만 한다. Wilson도 직접적으로 그 사실을 논박하지 않았다. 그 논쟁은 이 지점에서 진기해졌고 민주적인 정부에 대한 역사주의적 옹호자로서의 Wilson을 신뢰하게 했다. 진짜로 밝혀진 것은, 문제를 점차 어렵고 곤란하게 만든 것은 정부의 의제가 다루기 힘들어 보이는 주제들에 의해 주도된다는 것이 아니라 우리가 국민 주권을 인정해야만 하는, 따라서 다수의 의지에 반응해야만 하는 정부를 갖는 발전된 역사 단계에 진입해 있다는 사실이다. 모든 복잡한 요인들 가운데 Wilson이 보기에 능률적인 민주 국가가 되는데 가장 큰 장애 요인은 공공주권(Popular sovereignty) 원칙으로 보였다. 그것을 인용하자면 국민은 "이기적이고, 무지하고, 어리석고 완고하고 혹은 이기적인 바보스러움, 무지 그 자체, 고집불통 그 자체, 어리석음 그 자체, 혹은 수천 명의 바보짓의 총체다[9]"는 것이다. 이것은 처음 얼핏 보면 그렇게 보일지도 모르는 민주주의 비평가로서의 관찰이 아니라 각기 다른 국민들에게 무엇이 그들의 이해관계와 일치하는가를 알게 하는 것을 가르치는 것이 어렵다는 것을 인정하는 민주주주의 옹호자로서의 관찰이다.[10] Wilson에게 현대 선진 국가의 지표가 되는 공공주권 원칙 또한 그러한 국가를 완결 짓는데 가장 큰 장애의 하나가 되고 있다. 실로 현대 민주국가에 관한 Wilson의 기술에는 무엇인가 고전적으로 비극적인 성질이 있다.

공공주권에 대한 거칠어 보이는 그의 관찰이 민주적 발전론자로서의 Wilson의 상당한 명성을 곧 바로 떨어뜨릴 수는 없을 것이다. 독자들이 미국적인 민주 국가의 특징을 어떻게 해석하게 될 것인가? 한편에서 보면 Wilson은 미국에서의 민주주의는 19세기 말엽 당시에는 아직 불완전했다는 그의 신념을 확실히 하고 있다. 적절히 완결된 국가에서는 근본적인

9) *Ibid.*, 208.

10) Sidney Pearson, Jr., "새 시대의 헌법 해석: 미국에서의 Wilson의 입헌 정부론," in Sidney Pearson, Jr., ed., *The Constitutional Polity: Essays on the Founding Principles of American Politics*(Washington: University Press of America, 1983), 219.

개혁이 더 이상 필요 없다고 한데서 보듯이 완벽한 민주주의는 그의 논문 속에서 나타난 것과 같은 처방을 보장하지 않는다. 그러나 이것도 참으로 너무나 단순하다. 민주 국가에서의 공공주권의 실제에 의해 나타난 장애에 관한 Wilson의 일반적인 관찰은 공공의 의지에 근거한 정부에 대한 그의 신념에도 불구하고 그가 정치적 리더십을 확보해야하는 필요성에 대한 문제를 결코 제기하지 않고 있다는 것을 지적해 준다. 그러나 앞으로 보게 되겠지만 Wilson은 Hamilton이나 John Marshall의 정치사상 속에 마련되는 것 같은 확고한 실질적 리더십의 바탕을 마련하는 데는 실패했다.

그 논문의 맥락 속에서 보면, 여론을 계도하려는 개혁자들이 직면하는 어려움을 Wilson이 인식 하고 있다는 것은 정치-행정 분리론이 원칙적으로 그에게 임시적인 가치를 갖는다는 견해를 옹호하는 또 다른 근거를 마련해 준다. 여기에 교육수준에 차이가 나는 시민들을 상대해 체제의 중요한 이해관계를 증진시키는데 그들에게 도움을 줄 방책이 있었다. 정치/행정 이분화에 관한 이 견해는 전문 행정가 특히 앞으로 행정 인이 될 행정학도들이 실질적으로 재량권을 행사할 수 있도록 정당화 시켜 주는 것으로 해석할 수 있는 그 논문 제Ⅱ부의 주장들과 재미있는 관계를 구성한다. 요컨대 Wilson의 주장에서 실제 수혜자로 등장하는 것은 행정학도라는 것이다. 그리하여 그들은 정부가 가장 적합하게 일할 수 있고 또 어떻게 그러한 일들을 가장 잘 할 수 있는가를 알고 있다고 해서 선발되기 때문이다.

다시 말해서 군주제나 독재체제에서는 복잡해지지 않을 수 있는 방법들이 문제를 복잡하게 만드는 것이 미국의 민주적인 측면인 것이다. 이 문제가 국가를, 행정학의 취지를 수용해야하는, 국가의 최종 역사 상태로 진입하는 것을 방해한다. Wilson의 경우 그는 국가의 민주적 특성을 깎아 내릴 의도는 없었다. 그가 밝힌 목표는 정치 질서의 민주적 신뢰를 강화하고 확대 하는 것이었다. 그는 부차적으로 행정학은 "미국화"되어야 하고 우리의 정치 공동체와 양립할 수 있게 되어야 한다고 관찰하고 있다.[11] 19세기 후반에 그 속에서 가장 편리하게 사용할 수 있었던 형태를 동반했던 "외국 기운(foreign gases)"을 증발 시키고 또 Wilson이 궁극적으로 미국의 보편적인 성격으로 발견한 것을 미국의 민주적 원리와 실제에 적응시키기 위해 미국화 시켜야만 했다. 그것이 보편적인 학문이라는 사실이 Wilson으로 하여금 외국적인 원천을 우리의 장점으로 부터 분리해낼 수 있다고 주장할 수 있게 했다. 그러나 바로 그 사실이 보편적인 성격의 학문과 자체의 특별한 요구를 갖는 민주 국가 사이에 긴장이 생기게 할 수 있다는 것을 지적해 준다. 아울러 Wilson은 무엇인가를 "미국화" 시키기 위해 필요한 구체적인 이미지를 제시하는데 실패하고 있다. 이 문제는 이장의 후반부에서 보다 많은 주목을 받게 될 것이다.

헌정과 정치 발전의 시기에 미국인들은 그들의 발전에 대해 당연히 칭찬 받을 자격이 있다는 사실을 의심하지 않고,

11) Wilson, 1887, *op. cit.*, 202.

그러면서도 Wilson은 유럽인들이 결정적으로 행정연구에서 앞서가고 있다고 결론짓는다. 이것은 미국이 Wilson에게는 모순되지만 도리 없이 현실적이고 심각한 상황인 역사발전의 최종 단계에 이르기 위해서는 덜 민주화된 국민으로부터 무엇인가를 빌려와야만 한다는 것을 뜻한다. 새로운 역사 발전의 시기에 진입하기 위해서는 미국은 국가의 요구를 한 사람의 요구와 같게 하고 민주 헌정 원리와도 일치하는 행정을 만들어야할 필요가 있다. Wilson에 의하면 이러한 시도가 성공하기 위해서는 헌정 구조에 관한 끝없는 논쟁 속에 반영되는 정부에 대한 통제와 견제에 관해 국가가 갖는 역사적 선입견을 기꺼이 폄하할 것을 요구 한다.

Wilson은 정치 체의 의미 있는 개혁이 필요하다는 것을 연방 헌법이 제정된 이후의 세 번째 세대에게 설득해야만 하게 되었다. 낡은 헌정 적 독단으로부터 행정을 분리해 내야하는 또 다른 이유가 이러한 상황 때문에 생겨난다. 그가 밝힌 신념은, 제3세대는 그들 할아버지는 단지 실험으로만 여겼던 것을 신성불가침의 것으로 공경하는, 따라서 의문이나 논쟁을 초월하는 경향이 있다는 것이다[12]. 불필요하게 공격적인 언어를 선택하는 한편 Wilson은 세기의 전환기를 맞아 개혁자들은 이질적인 국민들에게 그들이 공경하는 제도가 미완이거나 불완전한 것이라는 것을 확신하게 함으로써 미국을 최종 역사 형태로 옮겨 놓아야 하는 어려운 과업에 직면하게 되었다고 지적한다. Wilson은 그 과업을 과소평가하지 않는

12) *Ibid.*, 209.

현실주의자이기에 충분하다.

Wilson은 이러한 생각을 염두에 두고서 I부의 말미에서 고전적 언어로 개혁자들의 앞에 놓인 무거운 과업을 다음과 같이 요약하고 있다:

> 현대 입헌 정부에 변화를 꾀하려면 누구도 우선 자기 동료-시민을 변화를 바라도록 교화 시켜야만 한다. 그것이 이뤄지고 나면 그가 바라는 바의 특별한 변화를 바라도록 그들을 설득해야 한다. 그는 먼저 여론이 기꺼이 경청하게 하고 그리고 이어서 여론이 올바른 것을 듣고 있는가 알아봐야 한다. 그는 의견을 탐색하기 위해 휘저어야하고 그리고 나서 올바른 의견이 제자리를 잡을 수 있도록 해야 한다.[13]

개혁을 보다 복잡하게 만드는 것은 가르쳐야할 필요가 있는 원리를 사람들이 알아 볼 수 있을 만큼 "상식적"이진 아닐지라도 평이하게 만들어야만 한다는 사실이다. 이것들과 전개되는 것들 모두를 종합해 보면 Wilson은 분명히 정치/행정 이분법에 유용하게 의존하고 있다는 것을 설명해 준다. 더 말할 필요도 없이 우리가 Wilson이 이해하고 있는 대로 그의 노력을 이해한다면 우리는 그 논문에서 보다 유용한 안목을 찾을 수 있는 보다 좋은 위치를 갖게 될 것이다.

13) *Ibid.*, 208.

Ⅱ.

정치/행정 이분법이 통치에 아주 구체적으로 적용되고 따라서 대부분의 비판을 촉발하는 것은 그 논문의 제Ⅱ부에서다. 행정은 집행 방법을 안정된 바탕위에 올려놓는 것을 목적으로 하는 사무의 분야(a field of business)로 제시 되었다[14]. 앞에서 지적 했듯이 Wilson이 보기에 첫 번째 행정개혁의 물결은 정치와 행정의 도덕적인 질을 집중적으로 정화하면서 정부의 기구와 방법을 강화하는 것을 목적으로 하는 새로운 개혁의 마당을 준비 했다. 미국이 능률적인 민주주의를 이룩하는 시기가 되었던 것이다[15]. 그의 평가로는 미국 체제는 "목표가 느슨한 채로 있었고" "균형"을 잡는데 필요한 "전체성"(원문 대로임)을 결하고 있었다.[16]

Wilson의 논의를 자세히 들여다보면 비능률적인 민주체제는 절대로 '민주적'일 수 없고 기껏해야 교과서 속의 민주주의로만 여겨질 것이라고 정확히 결론짓고 있다. 올바른 정치원리를 확실히 갖는 것이 중요한 것이긴 하지만 Wilson에게는 그것만이 모두가 아니다. 그러한 맥락에서 그는 두 가지를 의미 있게 관찰하고 있다. 첫째, 행정적 관심이 자주 정치적이고 헌정적인 문제와 혼동되고 이것이 행정 연구가 근본적인 정치원리와 연결되는 당연한 근거가 된다는 것을 인지

---

14) *Ibid.*, 210.

15) Kent A. Kirwan, "Woodrow Wilson : 행정연구의 정체성 위기" *Polity*, 9(197), 327-330.

16) Wilson, 1924, *op. cit.*, 7.

한다. 여전히 그는 조심스럽게 이들 분야의 분리를 주장한다. 둘째로, Wilson은 헌정 원리가 행정적 관심사 보다 더 결정적임이 분명하고 따라서 행정연구는 헌정 원리의 중요성을 압도해서는 안 된다는 것을 고통스럽게 관찰하고 있다. 부연한다면 Wilson은 암암리에 독자들이 그가 했던 것보다 더 많이 행정을 연구 해주기 바라지는 않고 있다. 요컨대 Wilson은 행정연구와 정치 헌정 생활의 큰 원리와 문제를 연결하고 행정적인 일이 궁극적으로 헌정의 문제 보다는 덜 결정적이라고 제시하고 있다. 그렇지만 앞에서도 지적했듯이 이러한 관찰까지도 그것이 처음 나타났을 때 보다 덜 깔끔하고 덜 분명한 것으로 판명되고 있다.

특별한 관심을 끌만 하고 아마도 그의 의도를 가장 잘 지적해 주는 것은, Wilson의 관찰이 행정적인 것에 대한 정치적 관심의 우위가 전통적인 지혜와 일치하고 그것을 그 논문의 핵심을 통해 확실하게 결론적인 것으로 묘사하고는 있지만, 그의 논의의 논리는, 완벽한 역사 발전이 이루어지고 나면 행정문제가 결정적인 문제로 등장하게 되어, 마지막에는 이러한 입장들이 반전되는 지점에 이르게 된다는 것이다. 예를 들어 일률적이지 않은 민주주의는 진정한 민주주의의 자격이 없다. 그렇다면 적절한 행정지원이 없는 민주적 헌정 원리만의 무게는 문젯거리가 된다. 그와 더불어 마지막 역사 연대에 수용된 목표를 달성하기 위한 수단에 대해서보다는 무엇을 할 것인가 인가에 대해 의견 일치가 잘 되지 않는다면, 이념적으로는 의견일치가 없게 된다면, 행정적인 문제가 결정적인 것이 되게 된다. 이렇게 보면 행정학도들이 통치에 관한 지식을 가졌다고 전제되기 때문에 그와 같은 지식을 가진 사람이 Wilson의 역사주의의 가장 중요한 수혜자가 되게 된다. 요컨대, Wilson이 리더십의 자리를 따로 마련하고 있지만, 최종적으로 가꿔져야 할 것은 목표의 리더십이 아니라 방법의 리더십이다.

이와 관련된 또 다른 고찰이 관심을 끌만하다. Wilson이 보기로는 행정연구는 국민이 정부의 전반적인 역량을 보다 신뢰할 수 있도록 권력을 배분하는 방법을 설명함으로써 헌정 연구를 도울 수 있다는 것이다.

이 효과는 특별히 기능을 발한다. 그 이유는 안정된 국민들은 보다 큰 권력과 아울러 그 행사를 위한 재량권을 갖는 정부를 들어내 놓고 신뢰하려기 때문이다. 그러한 상황은 Wilson이 바라는 방법으로 또 바라는 정도로 행정 개혁을 이룩하고자 하는 누구에게도 유용할 것임이 분명하다.

행정학에는 간과해서는 안 될 한 가지 특별한 면이 있다. 행정연구는, Wilson에 따르면, 통치에서 여론의 적절한 역할을 결정지을 역량을 갖는다.[17] Wilson이 갖는 행정연구의 개념의 폭은 그가 이 연구는 일상의 통치를 실제적으로 제약하고 있는 여론의 주권적 상태를 어떻게 균형 잡는가 하는 것까지 밝힌다고 주장하는데 나타났다. 여기에 특기할 만한 형태의 추론이 있다. 그 논문이 읽혀질수록 행정학 연구에 부여된 비중은 커진다. 미국인은 맹목적으로(blind spots) 실제적

17) Wilson, 1887, *op. cit.*, 215.

인 국민이다. 그들은 사고에서 보다 진취적이어야만 하고 따라서 행정학도는 필요한 교육의 탁월한 원천을 대표하게 된다. Wilson은 그 가운데 들어간다고 자처했다.[18)]

위의 모든 것들은 Wilson이 1880년대 후반의 미국인들은 아직까지는 어쩐지 조잡한(crude) 민주주의자였다고 주장하는 맥락에서 특별한 의미를 얻고 있다. 행정학도는 여론은 하나되어 민주주의의 마지막 단계를 향해 전환할 수 있도록 해야 한다는 지식을 갖고 있다. 무엇보다도 요구되는 지식은 Wilson이 선호하는 의원 내각제형 정부(parliamentary type of government)가 지적하는 사실인 공공 지도자는 정부를 정직하고 효과적으로 지킨다고 신뢰받아야만 한다는 것을 아는 것을 포함한다. 그 논문에서 "문제는 여론을 이것저것 간섭하지 않는, 능률적인 것으로 만드는 것이다"는 말을 다시 한 번 더 인용한다. 여론은 "정책 형성에 관한 보다 큰 세력을 대체적으로 간섭"해야 하며 그러나 그때에는 "모든 다른 간섭을 그만 둬야 한다."[19)] 그러나 여기에 바로 문제가 있다. Wilson은 그가 "권위 있는 비판"이라고 까지 추켜세운 여론을 어떻게 그가 또한 제도화 되어야 한다고 믿는 숙달된 통치에 순종하게 할 수 있는가 하는 방법을 절절히 설명하지 않고 있다. 그의 역사주의 철학은 결국 정상적으로 사고하는 국민의 역량에 대한 신뢰에 의지한다고 할 것이다.

모든 정부는 유사해 지게 되고 그리하여 행정학의 지혜는

18) *Ibid.*, 217.

19) *Ibid.*, 215.

보편적인 가치를 지니고 전이 가능하다는 주장이 Wilson의 논의를 더욱 복잡하게 만든다. 그것이 보편적인 학문이라면 그것은 비정치적인 모습을 가져야 한다고 충고한다. 또한 말로는 분리할 수 있는 것이 그 성질상 실제로는 분리 될 수 없는 것이 있다. 이렇게 볼 때 Wilson이 정치적인 고려로부터 사실상 분리시킨 행정 행위가 정말 문제를 일으키는 결과는 그가 비교행정 연구를 옹호하고 있는 그 논문의 Ⅲ부에서 충분히 뽑어져 나온다. 여기에 Wilson은 살인자의 칼 가는 기술은 그의 악한 동기를 끌어들이지 않고서도 차용될 수 있다고 주장하며 살인자의 예를 소개한다. Wilson의 의도는 민주주의의 옹호자들에게 그들도 말하자면 독재자나 군주의 목적적인 태도를 확보하게 하는 것이 아닐까 하는 의구심을 갖지 않으면서 행정적인 일 처리 방법을 도입할 수 있다는 것을 확신시키고자 한 것이다. 이와 같이 비교적인 방법을 옹호하는데서 독자들은 Wilson이 정치/행정 이분법을 활용을 하는 것을 다시 한 번 보게 된다.

정치적 관심사로부터 행정적 관심사를 분리해 냄으로써 Wilson은 비교연구를 시도하고 있으며 행정학을 빌어 호소력 있고 해가 없음을 보여 주려하고 있다. Wilson이 비교연구를 옹호하는 것보다, 행정기술의 비교론적 도입이 갖는 정치적 의미를 너무도 지나치게 단순하고 협소하게 보는 것이 확실히 보다 더 문제가 된다는 것이 입증되고 있다[20]. 관료제적 조직의 고전적인 계층제 모델을 추종하거나 혹은 어쩌면 새

20) Wilson, 1899, *op. cit.*, xxxv.

로운 무기 기술을 채택하는 것과 같이 칼날을 세우는 작업이 정치 공동체에 국민의 생활 방식에 영향을 주게 될 무엇인가를 도입하지는 않는지를 따져보는 것은 분명히 합리적인 것이고 따라서 이런 연유로 그것을 명백히 정치적인 것으로 여기는 것은 당연하다. 후자의 입장은 행정적 기술이 정치적 부담을 수반하지 않는다는 주장보다는 더 정치 생활을 현실적으로 많이 반영할 것으로 본다. 그리고 Wilson이 그것을 또한 이해하지 못 했다는 것을 믿기 어렵다.

이러한 결론이 장점이 있다고 전제한다면, 우리는 정치적 고려에 대한 Wilson의 부정을 어떻게 설명할 것인가? 한 가지 설명으로는 그가 그 논문을 쓸 당시 행정학의 필요성과 가치를 너무도 확신하였기 때문에 그는 그러한 부정은 그것들이 필요한 개혁을 촉진 한다면 옹호될 것이라고 믿었다는 것이다. 보다 공통적인 설명으로는 그의 이상이 자신의 눈을 멀게 해 그의 이성과 역사의 교훈을 분리하지 못 하게 했다는 것이다. 그렇지만 답은 전자를 강조하면서 이들 설명을 종합해서 나와야 할 것 같다. Wilson의 이상주의는 어떻게 해서 행정학 연구를 최상의 상태로 끌어 올릴 것인가에 관한 계산된 판단으로 보이게 하는 것을 강조 했다. 건국이후 제3세대 미국인들은 친숙한 통치 방법을 열렬히 옹호 할 것으로 기대해도 된다는 그의 신념을 염두에 두면서, Wilson은 그가 모색하던 보다 큰 선을 달성하는데 필요한 공공 태도의 변화를 일으키기에는 약간은 "데데한 짓(fudging)"을 쉽게 정당화 시켰다고 할 수 있다.

Ⅲ.

현대의 독자는 Wilson에 대해 정치/행정 이분법이 주는 기능적 가치에 어안이 벙벙해질 따름이다. 그 논문의 초반부에서 이 구분은 그로 하여금 Hamilton류, Madison류, Jefferson류, Marshall류, 그리고 Calhoun류 등을 사로잡았던 것과 같은 결정적인 낡은 헌정 논의로부터 행정을 분리해낼 수 있다고 주장함으로써 행정학에 관한 폭 넓은 타당한 의견을 확보할 수 있게 했다. 정치와 행정의 분리는 또한 Wilson이, 이론상으로, "공공의지(popular will)"로 하여금 정치단체의 "쓸데없는 참견(meddlesomeness)"으로부터 일상의 행정을 보호 하게하면서 민주정부 속에서 정치나 정책 문제에 대한 "권위 있는 비판자"로서의 위치를 찾을 수 있게 해주었다. 마지막으로 정치/행정 이분법은 Wilson이 행정 기술을 도입함으로써 미국의 진정한 민주적 성격을, 말하자면 군주제나 독재적 충동으로 부패시키는 위험을 당하지나 않을까하는 두려움을 완화시킴으로써 유리한 위치에서 비교행정 연구를 판매할 수 있게 했다.

행정학이 받아들여지게 하는데 성공할 때에만 Wilson은 그가 *신 자유지(The New Freedom)*와 같은 책에서 찬양했던 미국을 근대화 시키는 혁명의 완수를 기대할 수 있었다. 그리하여 이 학문을 가능하면 비 위협적이면서 가급적 매력적이게 하는 것은 대단히 중요한 일이다. 개혁된 행정은 공공의지(popular will)를 정책으로 보다 잘 전환시킴으로써 민주정부를 완벽하게하거나 완성 시키는데 도움을 준다. 중요한 것은 Wilson은 법률을 공공의지의 결정으로 보고 따라서 "국가의 절대 의지"를 나타내는 것으로 보았다.[21] 어떤 주어진 공동체의 성격은 이 공식에 의하면 그 공동체의 법으로 나타난다. 이러한 논리를 따른 결론은 Wilson 정치철학의 본질적인 핵심을 나타낸다. 국가의 "성질(nature)"이 공법에 반영된다면 그래서 이번에는 이법들이 요동치는 공공의지의 표현이라고 한다면, 이를 확장하면 어떤 국가의 "성질"은 안정되고 확정적이라기보다는 공작할 수 있고(mallable) 개발할 수 있는 것이 된다. 공공 의지를 능률적으로 실현시킬 수 있고 따라서 역사의 변화와 성장을 마련해줄 수 있는 정부 체제와 행정을 구축하는 것이 이 구도 속에서 지배적인 관심사가 되었다.[22] Wilson이 보는 "좋은" 정부로 인정받기 위해서는 정치체제는 "일상의 여론에 복종적"이어야하고 변화하는 공공의 선호를 돌볼 수 있어야 한다.[23] Wilson의 말을 빌면 "정치적 자유는 피치자가 정부를 자기들의 요구와 이해관계에 맞추고자하는 피치자의 권리이며" 따라서 입헌 정부는 "확고한 적응 기제를 가져야만 한다."[24] Wilson은 미국 체제가 국민의 욕구와 더불어 근본적인 변화에 대한 동반적인 저항에 능률적이고 공개적으로 반응하기 위해 권력을 분할 분리하는데 실패한

---

21) Wilson, 6, 286.

22) Wilson, 1961, *op. cit.*, 14와 188.

23) Wilson, 4, 62.

24) Wilson, 1961, *op. cit.*, 4와 6.

것이 최대의 약점을 구성하는 것으로 평가한다.

행정 활동을 정부의 중심에 가까이 위치시켜야 한다는 요구의 뒤에는 피지배자에 의한 지배(governance)를 위해 드높은 공공의 의지와 함께 진보적으로 계몽된 공공 여론에 대한 Wilson의 신뢰가 깔려 있다. 전문 행정 인을 통치에 참여시켜야 한다는 주장은 시민 단체가 바라는 목표에 가장 잘 부응할 수 있고 사업 계획이 탁월한 정당에 대해 보내는 공공의 지지를 가장 잘 반영할 수 있는 수단에 관한 그들의 지식에 근거를 두고 있다. 그리하여 그 여론은 물론 반드시 "권위 있는 비평 자"로서의 위치는 지켜야 하겠지만 행정의 영역에서는 "귀찮게 간섭하는 존재"가 되어서는 안 된다는 결론에 이르게 된다.[25]

그러나 이러한 임무 부여와 책임의 배분은 문제가 없는 것이 아니고 Wilson의 정치사상 안에서 심각한 긴장을 들어낸다.[26] Wilson은 정책 과정에서 행정 공무원이 독자적이고 중요한 위치를 차지해야 한다는 것을 주장하고자 했고 모름지기 여론 자체를 교화 시키고자했다. 그러나 책임 있는 행정가에 대한 자신의 견해의 바탕이 되고 옹호해줄 실제적인 근거를 제시하지 않았다. 국민이 꾸준히 점차적으로 계몽된다는데 대한 그의 역사주의적 신념은 그로 하여금 국익의

25) Wilson, 1887, *op. cit.*, 214.

26) Kent A. Kirwan, "Woodrow Wilson의 개혁 주장에서의 역사중의와 정치인 관," 1976, 9,4 IL., Chicago에서 개최된 미국정치학회 연례회에 제출한 mimeograph 17; 그리고 Wilson, 1961, *op. cit.*, p.191.

결정을 시민 단체에 위임할 수 있게 했다. 간단히 말해 Wilson의 접근 방법은 여론이 행정 문제에 간섭하고 싶어도 간섭을 하지 못 하도록 막는 지도 원칙을 포함하지 않고 있다. 유일한 안전판은 여론의 "각성(enlightenment)"과 더불어 나타나게 될 정치적 관심사에서의 그것의 올바른 위치를 이해하는데 있다. 그의 구도의 성공은 궁극적으로 국민이 정치적 관심사와 행정적 관심사에 관한 지식의 한계를 깨닫는데 달려있게 된다.

1887년의 논문에서, 여론을 교화시키고자 하는 노력과 함께 나타나는 문제에 대한 능률적인 민주주의가 실제 제대로 실현되기 위해 필요한 국민의 자제력과 정치적 또 행정적 중용을 국민이 발휘할 수 있다는 믿음을 밝힘으로써 Wilson은 가끔씩 반성을 하고 있다. 이보다 더한 것은 그가 비교연구와 차용된 방법에 의존하는 것은 결코 국가의 "상황"과 "여론"이 행정 공무원이 취할 정당한 행위의 범위를 결정한다는 주장과 만족스럽게 조화되지 않는다는 것이다[27]. 행정에 관한 그 논문이 발표된 불과 2, 3년 후의 한 저술에서 직접 인용하면 "… 각 국민과 각 국가는 각각 경험한 생활양식에 입각해 살아간다. 국가는 국민보다는 경험을 더 잘 차입할 수 없다."[28]

정치/행정 이분법에 대한 Wilson의 지지에 대한 지배적인 견해가 그가 실제로 행정이 정책 문제로부터 진정으로 분리

27) Wilson, 1899, *op. cit.*, 595.

28) *Ibid.*, p.639.

될 수 있다고 믿는 것은 순박한 신념에서 그런 것이라고 하는 것이 부당하다고 할지라도 그것은 여전히 그의 신념 속에는 행정학도가 공공 정책을 지도해야 할 어떤 행위 원리도 없다는 것을 정확하게 나타내고 있다. 그의 행정·정치사상은 공공의지의 지배 법칙과 공공의지에 의해 결정된 공동체 목표에 대한 봉사의 중요성을 찬양하고 있다. 국가의 건국 국조들과는 달리 Wilson은 여론에 대한 모든 견제와 그와 더불어 그가 바라는 전문 행정체제의 장치를 헤칠 것으로 보이는 모든 것을 의심한다.

결론

행정에 관한 Wilson논문의 가장 두드러진 특징은 정치/행정 이분법에 입각하고 있는 것이다. Wilson은 그의 역사주의적 접근 방법을 중요시 했다. 그러나 최소한 그 논문을 좁은 맥락에서 보면 행정적 관심사와 정치적 관심사의 분리는 그것이 Wilson으로 하여금 행정학을 어울리지 않는 정치적 문제와 심지어는 헌정적인 문제로부터 분리해 내게 함으로써 행정학의 매력을 강조하게 하는 한 기능적 가치를 갖는다. 그가 의도했던 것은 행정학의 연구와 활용에 대해 넓은 의견을 구하고 그것이 확실히 받아들여지게 하고자 했던 것이다. 이것은 미국이라는 나라를 역사적으로 완성 시키는데 중요한 일이었다. 실로 Wilson은 그의 논문이 이 위대한 일에 안 어울리지나 않을까 하는 것을 대단히 두려워했던 것이다.

그 논문에는 Wilson이 정치와 행정은 정치/행정 이분법이 지적할 수 있는 것보다 훨씬 더 복잡하다는 것을 이해하고 있는 증거가 있다. 정치로부터 행정을 분리해 내는 것은 무엇인가 "당당한 거짓말"의 효용을 갖는다. 적어도 1887년에는 그 이분법의 기능적 가치는 Wilson에게 실질적인 그 문제를 과대평가하고 있는 것 같다. 이렇게 볼 때 그가 모든" 정직하고 … 애국적이고… 전향적인 사람"을 불러 모았던 위대한 사명에 이끌렸다는 자주 들을 수 있는 선언을 불평할 이유가 없다 할 것이다.[29)]

그러나 완전히 성숙한 Wilson 정치사상의 결정적인 약점은 그가 1887년 정당화 시키고자 했던 일종의 리더십과 행정체제를 적절히 지원해 주지 못 한다는 것이다.[30)] Wilson의 역사주의 체계 속에는 창의적 활동으로서의 정치력에 대한 이론적 지지가 결여되어 있고 따라서 그것을 관리적이고 방법적인 관심사로 떨어뜨리게 된다. 그가 종종 "정부의 어떤 부분도 그것을 관리하는 사람 보다 조금도 더 나을 수가 없다"고 주장하면서도 그는 그의 이론에서 미국을 완성시키는데 필요하리라고 생각하는 정치인에 대한 지원을 거의 마련하지 않고 있다.[31)]

의미 있는 것은 Wilson이 결점을 발견했던 미국정치 체제는 그가 포기한 적이 없는 실질적인 정치 지도력의 조항을

29) Wilson, 27, 152.

30) Wilson, 1961, *op. cit.*, 140.

31) *Ibid.*, 164.

포함시키고 있다는 것이다. 개국 국조들도 사람들이 언제나 올바른 판단을 할 수 있는 능력을 갖는다는데 대해 그렇게 낙관적이지 않았으며 따라서 권력 분립과 정부와 여론에 대한 다른 견제 제도 즉, 순수 민주주의 보다는 Madison식의 "빈틈없는 장치"를 갖춘 민주적인 공화국을 건설했다. Wilson은 그가 "보수적 적응"을 정치 발전의 주된 방법이라 말했던 것을 볼 때 대체로 국조들과 민감하게 교감했다고 할 수 있겠지만 그러한 개념을 그가 신봉했는가(commitment)하는 것은 아무리 봐도 의심스럽다.[32] 결국 그는 또한 변화를 받아들이는 다윈 식 이론보다는 평형을 우대하는 뉴턴 식 견제와 균형이론을 견지하고 있다고 해서 국조들을 꾸짖고 있다.

그를 옹호하는 말을 하자면 Wilson은 미국 국민들에게 민주 원칙을 버리지 않으면서 국민 정부의 효과성을 강화하는 것의 중요성을 강조 하면서 마무리 하고 있다는 점을 지적할 수 있다. 1887년의 그의 소명은 그가 의심 받을 것으로 알고 있었던 무엇인가를 위한 것이었기 때문에 민주주의 원칙과 "소시민(little men)"의 자유 보호를 향한 강력한 호소는 위협적인 관료적 구조에 대해 갖는 공공의 공포를 완화 시키는 방법이 되었다.[33] 그러나 Wilson은 순수한 민주주의를 철저하게 신봉했기 때문에 그것이 그로 하여금 피지배자에 의

32) Wilson, 1899, *op. cit.*, 639.

33) Alan L. Seltzer, "'협동적-자유주의자'로서의 Woodrow Wilson : 좌파적 개량주의의 역사관을 재고하면서," *The Western Political Quarterly*, 30(1977), 183-212; 그리고 Wilson, 1961, *op. cit.*, 2.

한 통치(governance)이론을 채택하게 했고 마침내 그것은 전문 행정 인에 의한 자유재량권의 행사와 같은 그가 높은 가치를 부여 했던 실제를 유지하기 어렵게 만들었다.

Wilson의 유산이 남긴 영원한 가치에 대한 역사적 논쟁을 직접 하지 않더라도, 그의 위대한 업적 가운데 하나는 우리에게 정부가 무엇을 당연히 그리고 성공적으로 할 수 있고 그리고 그 정부들이 어떻게 그것들을 가장 잘 해낼 수 있는가를 묻는 일의 중요성을 강력한 방법으로 상기 시키는 것이라는 결론에 대한 이견이 있을 수 없다. 1887년의 논문에서 행정연구의 목적을 이렇게 종합해 보면, 그 논문은 어떤 정치 체계의 목표와 자원에 대한 정통한 검토가 필요하다는 것을 전형적으로 일깨워 주고 있다는 것이다. 정치적 문제에 대한 신중성은 마찬가지로 요구된다. Wilson의 논리가 그의 생존 기간 때 보다 오늘날에 더 문젯거리가 되고 있는가 하면 그가 제기한 문제와 아울러 그가 제시한 제안은 미국이 최선의 품위와 능력을 지닌 공화국으로 남아 있도록 하는데 불가피한 반성을 촉발할 수 있다. 후기-200주년 기념 기간(post-Bicentennial period) 동안의 과업은 Wilson뿐만 아니라 국가의 창시자들에게로 되돌아가 우리들 스스로 선출직 공무원과 비선출직 공무원 모두가 따라야 할 정책문제의 신중한 안내에 관해서 품위 있고 역량 있는 공화 정부가 따라야 하는 품위와 역량의 정도를 상기하는 것이다.

Woodrow Wilson의 행정학 강의

____Barbara J. Burt-Way

편집자 주

Wilson은 1888년부터 3년 동안 Johns Hopkins대학에 행정학 강의를 위촉받아 1898년까지 객원 강사로 봉직했다. 매년 학년도 중간학기에 "행정"이라는 일반적인 주제 하에 일련의 연속 강좌를 25시간여 강의 했다. 그는 3년 단위 1주기의 강의로 자기 주제를 모두 강의 할 수 있을 것으로 기대 했다. 그러나 오늘날에도 종종 있듯이 새로 시작하는 학생이 자기의 2차년도 강의를 수강하는 것을 발견하고 강의설계를 재구상해야만 했다.

Barbara Burt-Way가 쓴 이장은 그 강의의 내용에 관한 첫 토론중 하나이다. 그 강의들은 초기에는 공공 대중의 관심을 끌지 못했다. 왜냐하면 그것들이 Arther Link편 Woodrow Wilson의 논문 5권부터 9권에 걸쳐 1968년부터 1970년 사이에 처음으로 인쇄되어 나왔기 때문이다. 그 인쇄된 교재는 일부는 타자되어 있고 일부는 필사되어 있고, 또 다른 일부는 속기되어 있는 Wilson의 개인 강의 노트를 따온 것이다. 정확히 말해서 Wilson의 강의록은 사실 그의 강의 노트이다. 그렇지만 대부분의 경우 그의 노트는 많은 학자들의 노트 보다는 자세했고 인쇄하기에 적합한 형태를 갖추고 있었다. Link의 책안에 그러한 노트 300면 이상이

수록되어 있고 모두 행정에 관한 것이다. 거기에는 일반 법률과 공법에 관한 다른 노트도 있었다. Wilson은 1887-88년 겨울에 서둘러서 Johns Hopkins에 강의하러 달려왔기 때문에 단지 한 강좌만 완전하게 준비했었다. 나머지 강좌는 그날그날 만들었으며 그래서 첫해에는 수업을 절대 앞질러 나갔지 않았다고 한다! 강의를 끝마칠 때까지 자신의 행정에 대한 논의가 여전히 불만족스러운 것이 분명해 그는 결코 행정에 관한 그의 노트를 모아 출판하지 않았다. 그 가운데 일부가 그의 비교정부론 교재로 만들어져 국가론(The State)이 1889년에 출판되었고 1898년에 개정되었다. 그렇지만 그 책 속에서는 예전의 행정학 강의 자료를 그리 쉽게 찾아볼 수가 없다.

강의안이 출판됨으로써 1887년의 논문과 1902년 Princeton의 총장직을 시작으로 한 비교적 온전한 전임 공직생활 수행 사이의 Wilson의 행정 사상을 추적할 수 있게 되었다.

Barbara J. Burt-Way는 California주 Pomona소재 California주립 공과대학 교수이다. 그녀는 또한 Texas A&M 대학과 Arizona주립대학 그리고 California주립대학 Riverside분교에서 도 가르쳤다. 그녀는 에너지 정책집행에서의 사회적 제약(The Social Constraints on Energy-Policy Implementation) 행정과 공공문제 분야의 많은 논문과 책의 일부 장들을 썼다. 그녀는 지금 지방 공무원에 초점을 맞춰 공공정책에 대한 엘리트의 태도를 연구하고 또한 여성문제와 생활형태 문제 그리고 경제문제에 관한 태도상의 젠더차이를 연구하고 있다.

■ Woodrow Wilson의 행정에 관한 궁극적 사고는 1887년에 쓰여 진 논문 "행정의 연구"에 담겨져 있지 않다. 오히려 그 논문은 그 주제에 관한 첫 번째 견해 표명이고 그 때 이후 적어도 10년 동안 Wilson을 괴롭혀온 의문과 문제의 바탕이 되었다.[1)]

정치/행정 이분법은 Wilson에게 기여한 바 크다. 왜냐하면 그 논문은, 1888년부터 1897년까지 그가 Johns Hopkins 대학에서 행했던 그의 행정학 강의를 고찰할 때, 행정에 관한 그의 견해를 간명하게 특징짓기 때문이다. 1887년 그 논문을 쓸 때 젊은 학자 Wilson은 가끔씩 정치와 행정의 분리를 지지하는 것처럼 보인다. 그러나 그 논문은 모순되는 수많은 논지를 담고 있어 다른 사람들에 의해 이분법을 지지하는데 활용되기하고 반대하는데 활용되기도 한다.[2)]

그 강의에 대한 면밀한 검토는 그의 사고가 전개되는 보다 복잡한 또 보다 완벽하기도한 모습을 공히 보여 준다. 강의

1) Woodrow Wilson, *The Papers of Woodrow Wilson*, ed., Arthur S. Link, vol. 5(Princeton, NJ: Princeton University Press, 1968), 44(이하 "Wilson"이라 인용함)

2) 이점에 관한 논의는 Kent Aiken Kirwan의 "Woodrow Wilson : 행정의 연구의 정체성 위기" *Polity,* 9(Spring 1977), 326 ; Paul P. Van Riper의 "정치-행정 2원론 : 개념인가 사실인가?" in Jack Rabin and James S. Bowman, eds., *Politics and Administration*: *Woodrow Wilson and American Public Administration*, (New York : Marcel Dekker, Inc., 1984), 209; Dwight Waldo "정치-행정 2원론의 지속가능성 : Woodrow Wilson과 행정학 위기" in Rabin and Brown, *Ibid*., 220을 볼 것.

에서 Wilson은 행정을 정치통제로 부터 기꺼이 분리하려고 하지 않았다는 것이 분명해진다. 사실 그는 정치와 행정을 연결시켜야할 필요성을 강력히 주장하고 있다. 더 나아가 그 강의는 19세기 말엽, 미국 정부안에서의 행정 실제의 이론적 기초가 될 것으로 이해했던 것을 개발하려는 그의 노력을 반영하고 있다.

제1장에서 Van Riper가 지적한대로 또 제6장에서 Walker가 보다 자세히 논의하고 있듯이 Wilson의 행정에 관한 관심의 시초는 1885년 Johns Hopkins의 수학과정에서 생겨났다. Bryn Mawr대학의 신진 조교수로서 그는 1886년 가을 Cornell대학에서 행한 연설 속에 그의 사고를 압축시켜 쏟아 넣었다. 그 연설이 그의 1887년 고전적 논문 "행정의 연구"로 발전되었다. Link에 의하면 Wilson은 그 당시 "민주적 정치체제에 적합한 영역을 규정하는 작업을 진행하고 있었다."[3] Wilson의 과업은 그 논문에서 끝나지 않았다. 시작일 뿐이었다.

Johns Hopkins대학에서의 3년 단위 행정학 강의는, 처음에는 Bryn Mawr에서 나중에는 Wesleyan대학에서, 동계학기 동안 Wilson이 수업이 없을 때, 매 동계학기에 5주에 걸쳐 이뤄졌다. 그가 대학원을 수학했던 학교에서 강의를 하기로 동의 한 것은 자기 가족을 보다 잘 부양하기위해 자기 수입을 보충할 필요가 있었기 때문이었다. 그는 500불의 강의료를 받기로 계약을 하고 강의를 했다.[4] 강의를 검토하기에 앞서

3) *Wilson*, 5, 44.

4) Henry W. Bragdon, *Woodrow Wilson: The Academic Years* (Cam-

우리는 Wilson이 학문(scholarship) 일반을 어떻게 접근했으며, 행정 원리가 어떻게 확인 될 수 있다고 생각 했던가 그리고 그 당시의 사회 이론과 정치 이론이 그의 강의에 어떻게 영향을 미쳤는가를 이해해야 한다.

Wilson의 학문적 접근 방법은 오늘날의 과학적 연구와는 다른 것 이었다. 그는 정부와 관련되어 문제가 있다고 보는 것에 대해 강력한 입장을 보였다. 권력 분립의 원칙과 실제와 같은 것이 그런 것이다. Wilson은 실제를 반대하는 주장을 하고 현실 제도가 정부를 효과적이게 하는데 해롭다는 것을 "입증"하는 명백한 증거(marshall evidence)와 일치한다는 것을 발견했다. 또한 그의 학문하는 스타일은 신중하게 수집된 기본 자료를 갖추는 현장 작업(field work)은 아니었다. 실제 Wilson은 Washington, D. C.에 발을 들여 놓지 않고 *의회정부론(Congressional Government)*을 썼다. Wilson의 연구방법은 전형적으로 이차자료에 의존하는 것이었고 그것은 그가 Johns Hopkins에서 박사학위에 필요한 요구조건을 채우기를 꺼려하는 한 요인이었다. 그의 강의 속에 담긴 행정을 탐구하기 위해 유럽국가에서의 행정발달의 역사적 과정을 연구 했고 미국 정부의 발달과정을 고찰 했으며 이어서 그 두 연구결과를 바탕으로 미국 정부에서의 행정의 역할에 관한 결론을 도출하게 되었다.

그의 강의노트를 읽으면 분명히 들어나는 두 번째 사안은 Wilson이 자기 견해를 설득시키기 위해 특징적으로 강의실을

bridge: Harvard University Press, 1967), 188.

사용했다는 것이다. Wilson은 정부의 구조와 제도의 개혁은 필수적이라고 확신 했다. 더구나 그가 보기에 행정학의 모색으로 일관하는 자기의 규범적 주장을 표명하는 것과 일관성이 없는 것도 아니었다. 실제로 뒤에서 논의 하듯이 Wilson은 그의 행정원리의 개발을 완성하기 위해서 중앙정부와 지방 정부에서의 구체적인 개혁을 주창해야만 했다.

세 번째 사안은 Wilson이 정치의 실제를 지향하고 있다는 것이다. 그는 정치나 행정의 이론가가 아니라 자기의 학식(scholarship)과 저술을 변화 속에 실현했던 정치학자요 역사학자였다. 그의 친구 R. Eath Dabney에게 1895년에 보낸 편지에서 *의회정부론*을 말하고 있다.

> 물론 나도 그것이 깊이 있는 역사적 및 정치적 통찰에 근거하여 헌정에 대한 영원한 비판적 위치를 누려 주리라고 믿을 수 있었으면 한다. 그러나 그것의 사명은 사고를 환기 시키고 불가피한 실천적 제안을 실현하는 것이며 그것은 말 그대로 나의 희망과 포부를 그것과 더불어 실현하려고하는 사명을 띠고 있다[5].

Wilson저술의 이러한 의도가 그의 개혁의 주창 속에도 반영되었다.

그런데 Wilson은 본심은 이론가가 아니고 실무가라고 분명

---

5) Ray Standard Baker, *Woodrow Wilson : Life and Letters, Princeton 1890-1910* (Garden City NY: Doubleday, Page and Company, 1927), 99.

히 밝히고 있지만, 강의에서는 세 가지의 사회 및 정치 이론이 그의 사고에 강력히 영향을 미치고 있다. 즉 국가 유기체론과, T. H. Green의 이상적 자유론과 강력한 집행 권력론이 그것이다. 국가 유기체론은 행정이론과 Wilson이 주창하게 될 확실한 개혁의 모색에 정당성을 부여했다. Oxford의 이상주의자가 제시한 자유주의 사상과 집행 권력론은 정부에서의 행정인의 역할을 정당화하고 집행부에 강력한 권한을 부여해야 할 필요성을 지지하는데 활용되었다.

다음 면에서 Wilson이 세 가지 문제에 어떻게 대답하는가를 살핌으로써 Wilson의 강의를 검토한다. Wilson은 조직화된 틀을 갖춰 문제를 짜고 답을 제시하고 하지 않았다. 제시된 바와 같은 정리를 하기 위해서는 우리는 그 강의를 전체적 시각으로 읽고 연구해야한다. Wilson은 체계적으로 생각하는 사람이 아니었고 그렇기 때문에 그에 대한 비판은 그가 정치/행정 이분법을 만들었다는 것과 정부 행정의 실제 위치에 관해 모순된 메시지를 전달하고 있다 하여 그를 가끔 혹독하게 비판하게 한다. 우리들의 목표는 일관된 이론을 옹호하거나 제시하려는 것이 아니고 단지 Wilson은 그 사람 당대의 "학문적 시대정신(academic time)"의 산물이었다는 것과 그가 창안했던 모순들을 이해하고 있었다는데 대해 우리가 이전에 교조적으로 부여해왔던 것보다는 더 많은 점수를 받을 만한 자격이 있다는 것을 제시하고자 할 따름이다.

그 강의의 성질

Wilson의 강의 노트는 초기 유럽의 정부와 행정에 관한 상당한 분량의 서술과 더불어 시작된다. 그는 시간의 흐름과 유럽과 미국의 체제 비교를 통해 행정의 발달을 추적했다. 그 계획은 3년 기간 동안에 걸쳐 행해질 완벽한 강의 틀을 짜기 위한 것이었다. 첫 해의 그 강의는 여러 나라의 역사적 뿌리를 밝혀줄 그들 나라의 행정제도를 비교론적으로 분석하는 것이었다. 2차 년도에는 시민적 정의(civil justice)의 행정과 지방 정부의 기능을 다뤘다. 3차 년도에 Wilson은 재 조직화, 책임, 그리고 통제에 관한 일반적인 주제를 애기하고자 했다. 그 강의는 "형식으로 부터 의미를 지향하는 전진적 순서 —기존제도에서 현안 문제, 일반적 검증, 그리고 필수적인 행정 원리로 전진되는— 로" 설계되었다.[6] 그렇지만 Wilson은 2차년도와 3차 년도에도 자료를 검토해야만 한다는 것을 발견 했다. 왜냐하면 모든 학생들이 다 전년도의 강의를 듣는 것이 아니었기 때문이다. 또한 Wilson은 정해진 시간에 그가 다뤄야할 자료의 량에 비추어 지나치게 욕심이 많았다. 그 삼년 동안 어느 해에도 그가 계획했던 대로 진행시킬 수가 없었다.

강의의 서술적인(descriptive) 부분은 1880년대 후반에 있었던 관계되는 학풍(regarding scholarship)을 부각시키고 있다. 그 강의에서 주제가 반복된다는 것은 Wilson의 사고와 행정원리를

6) *Wilson*, 5, 669.

발견하고자하는 그의 노력이 복잡하다는 것을 꽤 뚫어 볼 수 있게 해 준다. 세 가지 질문에 답을 함으로써 그 주제를 가장 잘 이해할 수 있을 것이다. 첫째, 미국에서 행정을 일부 그러나 분명히 정치로부터 분리시켜 연구하는 것이 왜 점차 중요해지고 필요해지는가? 둘째, 왜 국가의 행정기능은 국가의 정치적 성질과 불가분하게 연결되어 지는가? 셋째, 국가의 정치기능과 행정 기능 모두를 보호하기 위해서 왜 개혁이 필요한가?

행정의 연구 : 이론적 기초

공공행정에 관한 Wilson의 사상적 기초는 국가의 유기체적 성질에 관한 이론이었다. 유기체적 국가의 개념은 그의 Bagehot의 연구에서 비롯되어 점차 진전된 단계로 발전하여 새로운 행정 이론이나 일단의 원리를 제공할 필요성의 주장에 근거를 마련해 주었다.[7] Wilson은 미국 정부가 보다 발달된 단계에 이르렀기 때문에 다른 나라의 정부와는 차이가 있어야한다고 주장 했다. 그래서 우리가 전부터 존재해 오고 있는 그대로의 행정을 이해하기 위해 외국을 연구할 수 있는 반면, 원리들은, 미국에서 그것들을 적용할 수 있다면, 미국에서 발전되어야 한다. Wilson이 보는 바로 중요한 문제는 "신축성 있는 체제, 통제가 있는 자유, 행정 독재가 없는 행정의 응집"[8]을 어떻게 갖추느냐 하는 것이었다.

---

7) Bragdon, *op. cit.*, 435.

문제를 이와 같이 제시하면서 Wilson은 미국의 유기체적 발달의 네 단계를 다음과 같이 기술하고 있다.[9] 첫째, 둘째, 그리고 셋째 단계는 헌정 발달이 지배한다. 시발 단계에서 헌법이 초안되고 채택되고 개정된다. 이 단계가, 정치적이라는 것을 정부 구조에 관한 폭넓은 원칙에 대한 합의를 얻는 것이라고 규정한다면, 가장 정치적이라고 Wilson은 주장한다. 제2단계는 헌법 해석의 단계라 특징지을 수 있고 헌법 원리를 법률에 적용하는데 관심을 갖는다. 남북전쟁은 제3단계를 이룩하게 했고 헌법-제정 단계를 완성한다. 제4단계로서, Wilson은 1880년대의 미국을 행정의 시대에 위치 시켰다. 이러한 정의에 입각해 그는 정부를 의미하는 국가는 주로 법을 사회에 맞추는데 관심을 가져야한다고 주장하고 있는 것 같다. 이 기간은 사회 전체적 요구와 정부의 기능간의 긴장이 법률 제정 기관이 아닌 법의 집행자(administrators of law)에 의해 조정 완화되게 될 것이다.

유기체적 국가의 개념에서 도출된 Wilson의 관심과 함의는 한 단계에서 국가의 유기적 통합을 유지하는데 필요한 구조는 후속 단계에서는 덜 필요하거나 심지어는 해체 되어야 한다. 예를 들어 Wilson은 미국 현대 정부에 권력의 분립과 견제와 균형을 유지하기 위한 제도의 필요성이 계속적으로 요구되고 있는지 여부를 물었다. 1896년의 도시 정부론 강의에서 정부기능의 분산을 다음과 같은 말로 공격했다.

---

8) *Wilson*, 5, 693.

9) *Wilson*, 7, 124-127.

> … 견제와 균형체계가 우습게 되었다. 그것들은 능률의 결핍을 야기 시켰고 책임 부여를 막았다. 같은 기관이 법안(measure)을 만들고 적용해야 한다. 법령을 통과 시킨 사람들이 직접적으로 혹은 그들에게 책임을 지는 그들의 대리인을 통해 그것들을 집행할 의무가 있다.[10)]

이 강의에서 Wilson은 계속해서 "견제와 균형제도는 무의미하다"고 주장한다. 그리고 마지막으로 "도시는 지역성의 집합체가 아니고 이해관계의 총합체도 아니고 공공 협동 작업도 아니며 오히려 그 전체성과 정체성을 의식할 때에만 전체적이고 생명력이 있는 유기체인 것이다."[11)]

Wilson에게는 어떤 수준의 정부의 모든 기능을 통합하는데 부정적으로 영향을 미치는 어떤 과정도 정치체의 능률적이고 효과적인 지배에 대해 유해하고 파괴적인 것이다. 이것이 Wilson에게 필요한 결론이다. 왜냐하면 그는 그의 정치와 정부에 관한 사고를 유기체 국가의 개념에 근거를 두고 있기 때문이다. 그는 국가는 성장하고 변화한다는 생각 뿐 만아니라 각 단계는 사회와 국가를 발전시켜 보다 높은 단계를 완성시킨다는 생각을 믿었다. 따라서 성장을 더디게 하고 발달을 지연시키는 어떤 제도도 시대착오적인 것이고 개혁되어야 한다. 권력 분립 체계는 새로운 행정의 시대와 어울리는 선진 행정제도의 개발을 방해한다.

10) *Wilson*, 9, 451.

11) *Wilson*, 9, 452.

강의는 권력 분립 체제의 독소적인 성질과 그에 따른 견제와 균형의 실제에 관한 훈계를 넘어섰다. 그는 권력 분립의 원칙은 잘못 이해되었고 따라서 잘못 실시되었다고 주장했다. 그는 입법부와 행정부 그리고 사법부의 기능을 검토하여 그 기능들이 어떻게 중복되어있는가를 증거로 보여 주었다. 그가 발견했던 차이는 권력의 분할과 기관의 분할 차이에 있었다.[12] Montesquieu와 Rousseau에 의해 주창된 분립 이론은 단지 개인이나 공동체에 대한 정부(공무원) 권력의 과도한 행사를 막자는 것이었다고 Wilson은 주장한다. 그들은 절대적인 권력 분립을 기대하지 않았다. 단지 정부의 기관(삼부)은 분할되어야 할 필요가 있다는 것만을 기대했다. Wilson이 기대했던 이론은 그 이론이 미국 헌법의 초안자들에 의해 지나치게 내몰렸다고 주장한다. 실제로는 입법부가 사법적 임무와 집행적 임무를 수행하고 있고 집행부가 사법기능과 입법기능을 수행하고 있으며, 사법부가 입법 능력과 집행 능력을 가지고 행위 하는 것을 알 수 있다. 기능이 중복되고 있는 것은 분명하고 또한 필요한 것이다. 기관의 분할은 기능의 분할을 의미하는 것이라는 주장은 정치체계의 올바른 작동에 관한 Wilson식 이해를 반영하지 않고 있다. 결과적으로 권력 분립의 원칙은 강력하고 능률적이며 효과적인 행정-집행 체계의 구축에 대한 반대를 지원해주지 못하게 된다. Wilson은 강력한 행정 집행과 행정법(공법의 한 분과)은 국가의 유기적 통합을 유지 강화할 수 있는 응집된 힘이라고 결론짓는다.

12) *Wilson*, 7, 129.

정치와 행정의 연관

"행정의 시대"를 이끌어갈 국가의 기초를 마련하기 위한 Wilson의 이론 구성은 정치를 부정하고 비정치적인 행정의 승리로 나타났을까? 강의는 이 문제에 대한 답을 두 가지로 하고 있다. 아니다는 목소리를 두 번 낸다. 대단히, 모순되게도 Wilson은 강의 동안 반복해서 정치와 행정 간의 관계에 대한 쟁점들을 제기했고 행정 과정을 정치적인 맥락 안에 위치 시켜야 할 필요가 있다고 결론짓는다. 첫째, Wilson은 민주주의의 보전, 권위, 정치적 의무와 책임, 자유, 그리고 평등은 왜 능률적인 행정 과정이 필요한가를 나타내는 강력한 사례를 만들었다. 둘째, 정치 대 행정의 이분법을 제기하기 보다는 Wilson은 행정을 정치에 종속되는 위치에 놓았다. 이러한 위치 정리는 명시적으로 밝혀져 있지 않고 Wilson도 반드시 행정 기능이 정치 활동보다 덜 중요하거나 가치 없음을 뜻하고 있지 않다. 그러나 능률적인 행정은 정치적 목표를 달성해 주는 수단이고 국가가 건전한 성장을 지속하는데 — 효과적인 통치와 정치체의 발달에 필요한 기능이다.

첫 번째 결론을 지지해주는 증거가 1891년 강의에서 제시되었다. 국가의 본질에 관한 일반적인 관심 —민주주의의 보존, 자유와 평등 또한 의무와 책임 그리고 권위의 형성— 은 Wilson의 행정에 대한 정의 속에 반영되었다. 이들 강의에서 인용한다.

진짜로 행정이 무엇인가 생각해보자. 국가에 부여된 모든 과업을 끊임없이 체계적으로 실제로 실현시키는 것이다. 이러한 과업들은 역사적인 이유에서 법률을 통해 국가가 떠맡았고, 그것은 국가가 자유와 권위에 관해, 권리와 의무에 관해 배웠던 것의 결과이다.[13)]

Wilson이 그 개념을 제시한 시기에 그는 또한 행정의 연구는 정치의 연구와 분리되지 않는다고 결론지었다. 대신에 그것은 공법을 맡고 있으며 정치학이라고 지목된 교리의 중요 영역을 이루고 있는 주제이다. 실로 행정학은 법률을 개별적인 상황에 맞추는 과정에 관해 연구하고자 했던 것이다. "자유에 맞추는 것 —역사적 조건에 맞추는 것의 연구"이고자 했다. 그는 계속해서 주장하기를 Locke의 사회계약론은 집행 권력은 "법률을 보충해주면서 동시에 구체적 사례에 맞는 법을 만들기도 하는 권력이다 … 그것은 행정 재량 영역이고 — 그리고 행정 재량은 좋은 정부에는 불가결한 것이다"는 것을 용인하고 있다는 것이다.[14)] Wilson은 "집행 권력의 소지자는 법 제정 기관의 권위의 주체가 아니라 법률 자체 권위의 주체이다" 고 진술하면서 결론짓는다.[15)]

두 번째 결론, Wilson이 정치와 행정 간에는 계층적인 관계가 있다고 제시한 결론은 어떤 것인가? 아마도 그것은 정치에 대한 행정의 종속적 국면을 강조하려고하다 잘 못한 것

13) *Wilson*, 7, 115.

14) *Wilson*, 6, 485.

15) *Wilson*, 6, 509.

일 것이다. 왜냐하면 Wilson은 그 두 가지가 단지 다르다는 것만을 의도하고 있지 불평등하게 놓여 있다는 것을 의도하는 것 같지 않기 때문이다. 정치와 행정의 동등성은 그가 행정의 개념을 설명하기 위해 일련의 이분법을 세울 때 강의의 초기에 등장한다. 예를 들어, 그는 정부 기능을 기본 요소적인 것(the constituent)과 보조적인 것(the ministrant)으로 구분했다. 기본 요소적인 것은 "국가의 안녕과 존립에 없어서는 안 되는 것들"이다. 이것들은 사회의 공적 조직에 필요한 다른 모든 기능과 함께 생명과 자유의 보호 그리고 가난의 방어를 포함하는데, 그러한 기능들은 엄격한 자유방임주의자의 눈에도 정부의 선택적인 기능이 아닌 진정으로 사회의 골간 바로 그것이다.[16] 보조적인 기능은 통치에 필수적인 것은 아니지만 사회의 일반 이익을 증진시키기 위해 수행된다. 이것들의 예로 공공사업, 교육, 근로규제, 그리고 통상규제를 들 수 있다. 강의의 후반부에서 Wilson은 바로 이와 동일한 기능을 국가의 행정업무로 기술하고 있다.[17]

이 강의를 대강 읽어도 일단의 기능 즉 기본적인 요소 기능이 다른 기능보다 더 우위에 있다는 결론에 이를 수 있다. 그러나 Wilson은 결코 계층적 배열을 명시적으로 주장하지 않고 있다. 그는 그 구분을 오직 정치 과정의 변화하는 성질을 나타내 보이기 위해 사용하고 있다. 개인의 자유와 유기적인 사회생활의 증진은 국가가 Greece와 Rome와

16) *Wilson*, 5, 671.

17) *Wilson*, 7, 131.

같은 초기 문명의 경우와 같이 법으로 시민을 도덕적이고 검소하게 살 것을 요구하지 않는다. 현대 국가의 특징인 개인의 자유의 보호는 정부기능에 대한 새로운 이해를 강요한다. 이것은 Wilson이 행정의 본질에 관한 강의에서 일찍이 언급한 것이다.

Wilson은 행정 실제의 독자적인 범위를 구획 짓기 위한 시도에서 정치 통제를 어떻게 발휘할 것인가를 반영하는 보다 명시적인 언급을 하고 있다. 1891년의 강의 때까지 Wilson은 보다 확실한 논조로 행정인이 정부의 다른 기관들과의 관계를 어떻게 유지해야 하는가를 표명할 준비를 하고 있었다. 예를 들어, 그는 다음과 같이 언급하였다.

> [행정]은 그 동기와 의무를 정부의 기본 성질과 필수 제도에서 끌어 온다. 행정을 설명하고 재제를 가하기 위해서는 언제나 이들 성질과 제도로 돌아가야 한다.[18)]

Wilson은 행정을 정부의 다른 기관에 대해 봉사하는 것으로 자리 매김함으로써 형성되는 복잡한 상황에 비중을 두었다. 이어서 그는 정부의 기능(행위)은 헌정 이론과 행정 이론 사이를 연결 지어 준다고 주장했다. 그는 다음과 같이 언명하고 있다.

> … 행정은 입법을 기다릴 수 없다. 그러나 국가 생활의 특

18) *Wilson*, 7, 115.

징에 영향을 미치는 특별한 보장을 하지 않으면서, 입법이 진행되는 것을 받아들여야 하고 그것을 채택해야한다.

> 행정은 또한 실정법뿐만 아니라 관습과 공동체의 습관에도 입각하고 있다[19].

이러한 언명은 행정 인에게, 결정되지는 않았지만 폭이 넓을 가능성이 있는 범위 안에서 행위의 독자성을 허락해 주는 것으로 보인다. 그렇다면 어디에 집행 기능의 한계를 설정해야 하는가? Wilson은 한 지점을 말하고 있다. 그것은

> 원칙을 우선시 한다는 것을 전제한다. 원칙은 행정 권한의 행사 범위는 그것이 법률, 법령이나 관례를, 그것들이 성문화가 되었건 합리적으로 추론된 의미이건, 침해하지 않고 운영되는 범위만큼 넓다는 것이다.[20]

Wilson에 의하면 행정 권한의 한계는 권리 장전(Bill of Rights) 속에 귀속되고 대법원의 여러 결정에 귀속된다. 이것들이 개인과 다른 행정 제도를 행정 권한의 자의적인 행사로부터 보호해 준다. 행정인은 사회의 자연 질서를 지키기 위해 마련된 이들 한계를 지켜야 한다. Wilson에게는 정부의 정치적인 기능과 행정적인 기능의 구분이 없었다. 그것들은 사회의 안녕을 보존하기 위해 불가분하게 연결되어 있다.

---

19) *Wilson*, 7, 121.

20) *Wilson*, 7, 149. 인쇄된 강의안은 노트를 옮겨 적은 것이기 때문에 문법적으로 완벽하지 않을 수 있음을 유념하기 바람.

개혁의 문제

Wilson의 강의는 행정연구에 대한 지적 관심을 넘어선 실제에 대한 고려를 하고 있었다. 그는 정규적으로 기존하는 정부 제도의 개혁을 호소했다. 행정의 연구를 정치학 안에다 자리 잡게 하는 것으로 보아 그의 목적은 순수하게 학문적이거나 학자적인 것은 아니었다. Wilson은 정부, 특히 도시 정부를 완벽하게 하고자 했다. Van Riper가 지적하고 있듯이 이 분야의 개혁가들은, 우리가 Wilson의 강의에서 그가 얘기한 것을 받아들인다면 그도 그들 가운데 한사람이 되는데, 행정 속에서 정치적 중립성을 원치 않았고 정당 정치를 행정에서 몰아낼 것을 원했다.[21] 이때는 정당이 정당에 충성을 바치는 정당원에게 그들의 직무 수행 기술의 질을 조금도 고려하지 않고 정부의 직무를 맡김으로써 기계장치 같은 정치(machine politics)를 자행하던 시기이다. 행정에서 정당의 중립성을 주장하는 것은 정책 수행 과정이 비정치적이거나 가치중립적이어야 한다는 주장과는 사뭇 다른 것이다.

Wilson의 정부와 행정의 개혁에 관해 생긴 오해의 또 다른 측면은 기업(business)의 실제가 모델이 될 수 있다는 것이다. 그에 대한 비판은 자주 1887년의 논문과 정부는 기업으로부터 행정에 관한 많은 것을 배울 수 있다는 그의 주장을 지적한다. 강의에서 Wilson은 공공 분야와 기업 분야 사이의 유

21) Paul P. Van Riper, "정치-행정 2원론: 개념인가 현실인가?" in Rabin and Bowman, *op. cit.*, 209.

사성을 너무 강하게 추론하는 것의 한계를 분명히 인식하고 있다. 증거로서 그 논문 발표 다음 해에 행해진 강의에서 발췌한 다음을 지적한다.

> 국가는 사업체(a body corporate)가 아니다 —그것은 정치체(a body politic)다 : 따라서 좋은 기업의 법칙이 꼭 좋은 정치의 법칙이 될 수는 없다. 돈벌이와 정치적 자유와는 근본적인 차이가 있다.

그는 이 강의를 다음과 같이 결론짓는다.

> 정부 행정은 기업과 같을 수 있고 같아야 되겠지만 —그것은 기업은 아니다. 그것은 유기체적인 사회생활이다.

Wilson은 개혁가로서 뒷날 집행 권력의 신장을 강조했다. 그러나 정부에서 활용하기 위해 사적인 분야로 부터 행정 실제 전반을 채택해 와야 한다고 주장하지 않았다.22)

정부의 행정 실제를 개선하기 위해 Wilson은 무엇을 주장했던가? 강의에서 뽑아보면 두 가지 주된 관심사가 있다. 권력 분립의 역효과와 권력 분립이 행정의 신축적인 운영에 씌우는 한계에 대한 관심과 도시정부의 재구조화와 개혁에 대한 관심이 그것이다. 그 첫 번째 관심사는 이 글 앞 절에서 설명되었다. 독자들은 단지 Wilson이 국가유기체론에 입각하

22) *Wilson*, 5, 691.

고 있다는 것과 정부의 권력과 기능을 통합시키고자 한다는 것을 상기하기만 하면 된다. 강력한 집행 행정체계는 통합적인 힘이 될 것이다.

도시정부에 중점을 두는 제2의 개혁이 Wilson에 의해 주장되었다. 강의에서 그는 도시는 그 기능이 거의 전적으로 행정적인 것이기 때문에 일차적인 관심의 대상이 된다는 것을 힘주어 분명히 하고 있다. 도시정부는 행정원리에서 따온 실제가 검증되는 실험실이다. 유기체적 전체로서의 국가론에서 시작하는 강의에서 Wilson이 1896년의 그의 강의에서 주장했던 행정 실제의 구체적인 변화로 옮겨가는 강의에 나타난 변화과정을 추적하는 것은 흥미 있는 일이다.

국가유기체론과 정부에 관한 자유주의 사상을 바꾸려는 이론가들이 Wilson으로 하여금 도시는, 거기에서는 특별한 이해관계는 파괴적인 힘이 되는, 하나의 유기체적 전체로 봐야 한다고 주장 할 수 있게 해주었다. 그는 다음과 같이 주장하였다.

> 도시는 지역성의 집합체가 아니고, 이해관계의 결합체도 아니며, (공공-사업)을 증진시키는 공기업도 아니지만 그 전체성과 정체성이 전체적이고 의식적일 때에만 전체적이 되는 생기 넘치는 하나의 유기체이다[23].

그렇다면 도시정부는 단위 행위와 집합 행위 두 가지 모두

23) *Wilson*, 6, 492.

에서 가난한 사람, 중산층 그리고 부자 모두를 포함하는 전체로서의 도시의 이해관계를 증진 시키는 일을 해야 한다. 많은 사람들이 초기의 Wilson을 보수주의자로 보고 있지만 그가 도시정부의 기능은 공공사업과 공공안전의 기능뿐만 아니라 모든 어린이를 위한 무상 공공 교육과 가난한 사람을 위한 공공복지, 그리고 공공 교통을 포함한다고 주장하는 데는 결정적으로 자유주위적인 관념이 분명히 있다. 그는 누진세 제를 통해 이들 기능에 자금을 배정해야 한다고 주장했다. 다음 발췌문이 이러한 견해를 해명해 준다.

> 경제적으로 의존적인 인간 대중으로 부터 생겨나는 미묘하고도 어려운 과업을 개선하는데 부유한 도시계층의 이해관계에는 의존할 수가 없다. 하나로 총화 된 힘만이 일반이익(general interest)이 된다.[24)]

정부의 목적과 정부의 행정에 관한 Wilson의 생각은 Oxford대학의 이상주의자, 가장 두드러지게 T.H. Green의 철학 학파 속에 자리 잡고 있다고 할 수 있다. 이러한 자유주의 정치이론이 변용된 중요한 두 가지 관건적인 부분이 Wilson의 도시정부론 강의에서 발견된다.[25)] Green이 제시한 중심 원리는 "개인과 그 개인이 구성원이 되는 사회 공동체

---

24) *Wilson*, 6, 489.

25) George H. Sabine, *A History of Political Theory, 3rd ed.,* (New York: Holt Rinehart and Winston, Inc., 1961), 725.

간의 상호적 관계성 이었다."[26] 두 번째 원리가 정부 행위의 목표에 관심을 가졌다. 다시 말해서 그 목표는 "보다 많은 사람들에게 인간적인 생활 방식을 열어 주고자"하는 것이었다.[27] 이렇듯 Wilson은 국가유기체적론과 떠오르는 수정 자유주의를 활용하여 도시정부의 개혁이 필요하다는 것과, 진정한 행정 실제에 대한 이해는 국가의 발전적 성질을 고무시키는데 필요한 개혁을 지지한다는 주장을 했다.

그 기능이 행정적인 도시는 어떻게 조직되어야 그 책임을 완수할 수 있을까? Wilson은 보다 많은 권력이 하나의 집행기관 즉 시장에 귀속되어야 한다고 주장하지 않았다. 사실 그는 이러한 생각을 명백히 거절했다. 그는 "시장의 직무를 확대하고, 시장을 독재자로 만들려는" 그 당시의 경향을 거절했다.[28] 대신에 그는 그것이 통합된 도시 기능을 제공해 주기 때문에 궁극적으로 위원회 형 정부가 되는 것을 추천했다.

> 도시정부가 — 행정적인 것 하나, 입법적인 것 하나, 사법적인 것 하나가 아니고, 단일한 행정적인 것 전체로서— 전체로서 인정되고 그것의 위원회(Council)가 중심 행정체가 되어야한다고 인정될 때에만 그 견해가 정당한 것으로 받아들여진다. 문제는 견제와 균형을 이룩하는 것이 아니고 공동체 의식과 에너지를 형성하는 것이다.[29]

26) Sabine, *ibid.*, 730.

27) Sabine, *ibid.*

28) *Wilson*, 6, 494.

필요한 개혁을 완수하는데 Wilson은 여섯 가지 원칙이 조직 구조에 반영되기 원했다: (1) 행정(계획의 조직화)은 한 기관에서 이루어져야하고 계획의 집행은 그 기관의 지시를 받아야한다: (2) 오직 위원회 위원만 선출하고 모든 다른 직원들은 위원회에 의해 임명되거나 인사행정을 통해 고용되어야 한다; (3) 공공복지와 같은 보다 넓은 도시 기능의 시도; (4) 시민을 위원회에 위촉하고 그들이 좋은 통치에 대한 책임을 지게 함으로써 시민 의무감을 강화; (5) 행정 통합을 통한 중앙통제; (6) 경험 있고 훈련 받은 사람을 활용한 도시 발전 계획 집행.[30] 물론 Wilson은 영국의 의회정부의 구조에 따라 도시정부의 조직을 짜고 있다. 그의 영국 형에 대한 선호가 *영국 정부론*과 이들 강의들, 그리고 다른 논문 속에 나타나 있다.

도시정부의 개혁을 제청하기에 이르러 Wilson은 입법과 행정을 구분 지었다. 입법이란, 그의 주장으로는, 사회의 권리와 의무를 만들고 변경하는데 정부의 의지를 표출하는 것이다. 행정은 정부의 제도를 지원하기 위해 만들어 지는 행동이나 행위이다. 그것은 "[제도]가 임의적인 효과성을 낼 수 있는 영역으로, 법의 영역이 아니고, 실시(입법화된 기능의 실현)의 영역이다."[31] 그가 강의에서 든 예와 강의에서의 추가 논의로 부터 그는 오늘의 대학의 학자들에 의해 사용되는 정

29) *Wilson*, 6, 493.

30) *Wilson*, 9, 477-480.

31) *Wilson*, 6, 510.

책과정 모델과 유사한 정부활동의 개념을 마음속에 두고 있었던 것 같다.[32] 다시 말해서 정부의 정책 개발은 정책 채택의 단계(법률 제정 기관에 의한 정책의 정당화)와 대부분의 경우 관료제에 의해 이루어지는 정책 집행의 단계를 포함한다. Wilson도 현대 학자들도 어떤 단계도 정치와 유리되어 있거나 있어야한다고 주장하지 않는다. Wilson의 도시정부의 개혁 관에 관해 선행된 논의들은 1980년에 행해진 강의에 근거를 둔 것이다. 그는 1896년에 다시 그 주제로 돌아 왔다. Johns Hopkins 간부들은 그 일연의 후반기 강의를 공공 대중에게 공개했고 Wilson은 학생들과 일반 청중들 양자 모두에게 적합한 자료를 제시하려 노력했으나 좌절했다. 그러나 이들 행정 원리들을 그가 어떻게 실제에 적용할 수 있는가를 알려고 했던 목적에 비추어 보면, 1896년의 강의는 뜻밖의 성황이었다. 그는 관심 있는 문제를 Baltimore에서 발표했고 행정 이론이나 원리는 그가 이해하고 있는 바로는 도시정부의 실제와 나란히 대칭되는 것이다.[33]

Wilson이 주로 비판하는 것은 도시정부에서 발견되는 파편화와 통합의 결핍이다. 또한 그는 위원회가 채택한 조례에 대한 거부권을 시장에게 부여함으로써, 실시되고 있는 것 같은 권력 분립체제를 공격하였다. 그는 대부분의 도시 기능은 행정적이라는 생각을 강력히 강조했다. 그는 그로 하여금 도

32) Charles O. Jones, *An Introduction to the Study of Public Policy, 3rd ed.,* (Monterey, CA: Brooks Cole, 1984), 24-30.

33) *Wilson*, 9, 419.

시기능에 관한 이와 같은 결론을 도출하도록 해준 흥미 있는 구분을 했다. Wilson이 보기에는 도시 위원회는 법률 제정 기구가 아니다. 그것은 조례 제정 기구이고 "조례 제정 기구는 행정 기구이다. 왜냐하면 조례는 법률보다는 사실과 보다 가까이 있고 실제적인 조건과 구체적인 것과 보다 가까이 있기 때문이다".[34] 따라서 행정은, 적어도 도시가 능률적으로 기능하도록 하는 책임을 가리는 한에는, 위원회의 의무이다.

이 주제에 관한 1896년의 별도 강의는 주제를 통합의 결핍과 능률적인 정부에 대한 위원들의 책임감 결핍으로 확장 했다. Wilson에 따르면, 도시 기능을 수많은 업무국과 위원회에 분할시키는 것은 공공 대중의 면밀한 검토로 부터 벗어나 행정 과정을 흐린다. 이러한 파편화는 비능률적인 정부를 초래할 뿐만 아니라 그것은 또한 상의와 협동의 기회를 감소시킨다.[35]각 행정인, 업무국, 혹은 위원회는 그 기능을 보호 확대하고 도시를 전반적으로 희생 시키면서 그 권력과 중요성을 키워간다. Wilson은 다음과 같은 변화를 제안 한다. 주 정부는 도시에 대해 보다 적게 규제 한다; 도시는 행정 권한을 위원회에 부여 한다; 위원회는 위원회의 지휘 아래 사업을 관리하기 위해 고용되어야 하는 직원을 선발하기 위해 공무원 고용제도를 활용한다.

마지막으로 Wilson은 이러한 개혁들이 기술관료 엘리트에 의해 도시정부가 지배되게 되는 결과를 원하지 않았다. 그는

34) *Wilson*, 9, 451.

35) *Wilson*, 9, 461.

그의 견해를 강력히 나타냈다.

> 나는 도시정부가 일단의 기술적으로 훈련된 공무원의 수중에 떨어지는 것을 바라지 않는다. 왜냐하면 그러한 사람들은 그들의 안목이 좁아지기 쉽고 지나치게 복잡한 절차에 내맡겨버리게 될 것이기 때문이다. 그와는 반대로 정책은 때때로 신선하게 선출된, 폭 넓은 안목을 갖는 다수에 의해 결정되어야 한다.[36)]

그가 "행정의 연구"에서 밝히고 있는 대로 "미국에서의 행정의 원리와 행정 제도는 그 중심에 민주적인 정책을 많이" 지니고 있어야 한다.[37)]

결론

1896년 강의를 마친 후 Wilson은 행정이론을 개발하는 노력을 다시 기울이지 않았다. 기록은 그가 1890년과 1894년 사이에 Princeton대학에서 행정학 과목을 가르쳤다는 것을 보여준다. 그럼에도 불구하고 어떤 부가적인 저술도 체계적으로 발표되지 않았다. 그렇다고 하더라도 20세기의 학자들은 그의 견해를 이해하는데 별 어려움이 없다. 그렇지만 그 강의들은 Wilson에게 그의 사고를 발전 시켜 논란 많은 1887년

36) *Wilson*, 9, 478.

37) *Wilson*, 5, 379.

의 논문이 처음 나오게 하는 기회를 제공했다. Wilson의 지배적인 관심은 민주적 통제를 할 수 있는 행정 제도를 마련해 줄 수 있는 행정원리를 개발하는 것이었다. 그렇지만 우리가 정치를 놓고 보면, 행정으로부터 정치를 분리시키는 것은 Wilson이 바라는 것이 아니었다.[38] 그러나 우리가 행정학을 들어 내고자하는 것이 Wilson의 목표였다는 것을 받아들인다고 하드라도 그 강의들은 역시 이 야심찬 목표를 달성하는 데는 미치지 못했다. 그가 이룩했던 것은 이 시기에 정부 운영에, 특히 도시정부 운영에 왜 문제가 생기는가에 대한 자신의 이해를 발표한 것이다. 더 나아가 집행 권한이 입법 권한과 비교할 때 상대적으로 약한 시기에 집행 권한을 강화시키는 것을 주장했다. Wilson은 오랜 정치사상의 힘(John Locke에서 부터 T.H. Green까지)에 기대어 1880년대의 정부 문제를 파악하고 아울러 해결책을 제시하였다.

아울러 도시정부를 이해하는데 기여한 Wilson의 공은 인정받아야 한다. 1896년까지 그는 자기 시대의 도시정부에 관한 가장 뛰어난 학자로 묘사되고 있었다.[39] 도시에 관한 그의 개념과 처방은 오늘의 도시학자들의 관심사가 된다. 그는 정부의 구조뿐만 아니라 도시 생활의 질에 대해서도 관심을 가졌다. 도시 서비스 전달을 연구하는 사람들과 도시 정치 연구의 근거가 되는 이론적 기반을 모색하는 사람들은 Woodrow Wilson이 도회지(urban place)에 관해 말해야만 했던 것을 고려

38) 이에 관한 정보는 Henry A. Turner가 쓴 이 책 5장에 의거한 것임.

39) *Wilson*, 9, 419.

하는 것은 바람직하다 할 것이다.

편집자 추신

다음 사항들은 전적으로 Burt-Way만의 기여에 의해 얻어진 것이지만 이 지점에서 공개하는 것이 적절할 것 같다. 바로 밑에 있는 것이 Wilson이 Johns Hopkins에 재직 시 뒷날 탁월한 정치학자 가된 Westel Woodbury Willoughby와 다른 두 학생들에게 1890년 5월에 보인 행정학박사 시험문제의 사본이다. 이 분야를 시작하는 최초의 논문과 아울러 일백년 된 시험문제를 손에 넣고 행정의 학문적 연구가 진정으로 100주년에 이르렀다는 말을 할 수 있게 되었다! 이 문제들을 오늘날에 한번 풀어보자(Link 씀, 논문, 6; 619, Princeton대학 출판사의 허락을 받아 재 인쇄함):

행정학 학위 시험(부전공)

1. 공법의 한 분과로서의 행정의 위치를 분석해 밝히고 입법과 행정을 구별 짓는 근거를 설명하라.

2. 영국, 프러시아, 불란서, 그리고 우리 연방 공화국 정부에 존재하는 (a) 행정적 통합과 통제, (b) 중앙 재정 감사, (c) 그리고 지방정부에 대한 중앙재정 통제의 차이를 자세히 기술하라.(4번 문제도 볼 것).

3. 영국 대장성의 발달과정을 개관하고, 그것의 현재의 조직을 논하고, 영국에서 중앙 행정 통합의 수단으로서의 내각의 영향을 논하라.

4. 우리나라 행정 제도에서 행정 통합의 부재를 (2번 문제에서 보다는 자세히) 논하라.

5. 1883년 영국의 지방 정부 개혁은 어떤 것이었으며, 그 개혁을 도모 했던 이유는 무엇인가?

6. 프러시아 지방 정부의 "행정"을 기술하라.

7. 유럽의 도시와 우리의 도시 사이에 존재하는 행정 조직의 차이는 무엇이며, 무슨 이유로 곳에 따라 여러 원리와 발달 모습에 차이가 나는가?

행정인으로서의 Wilson

Henry A. Turner

편집자 주

Henry Turner는 리더십 —정치적 리더십과 행정적 리더십—에 관한 논문을 기고해 주었다. Wilson이 살아있는 동안에 정부에서의 리더십에 관한 그의 견해에 약간의 변화가 진행되고 있었다는 것을 이해하는 것이 중요하다. 그의 학문 초창기에는 그는 미국의 대통령제에서 희망을 찾을 수 없었다. 왜냐하면 그것이 의회에 의해 너무도 압도당하고 있었기 때문이다. 1885년에 쓴 그의 의회정부론(Congressional Government)에서 Wilson은 대통령들은 “깨끗하고, 결점 없고, 무의미하게 지내야(insignificance)될 것” 같다고 쓰고 있다(p.42). 그와 그를 따르는 학생들이 처음 리더십과 권력 획득에 관해 토론 했을 때, 그들은 아마도 의회를 염두에 두었지 대통령제를 유념하지는 않았을 것이다. 입법부 지배에 관한 사실도 의회제도에 대한 Wilson의 초기 관심과 연계되어 있다. 입법부로부터 연유되는, 대통령이 무관의 명예 대표가 되는 효과적인 집행부를 그가 어떻게 인식하고 있는가는 쉽게 알 수 있다.

그러나 점차적으로 Wilson은 미국 대통령제에서 가능성을 보기 시작했다. Walter Lippmann은 Wilson이 관청에서 새로운 잠재적 가능성을 보게 한 것은 1885-1889년 임기를 맡은 Glover Cleveland대통령 제1기 집권기였다고 밝혔다. 1900년에 이르러 의회정부론 15판 서문에 다음과 같은 결론을 쓰고 있다 : "집행부의 새로운 리더십은 또한, 오래 동안 지속될 것 같기도 하는 만큼, 정부의 전체적인 방법에 훨씬 큰 효과를 내게 될 것이다. 그것은 집행부서의 장에게 의회의 행위에 대해 새로운 영향을 미칠 수 있도록 해줄 것이다. 그 결과, 정부에 대한 정치인의 지배(statesmanship)를 대중 집회(mass meeting)로 대치시키는 통합을 가져오게 될 것이다. 그것은 이 책 전체를 희망 없는 낡은 것으로 몰아낼 줄도 모른다."

그리고 물론 그렇게 되었다. 어떻게 그런 일이, 특히 Wilson의 경우에, 일어날 수 있었는가 하는 것이 Turner논문의 중심 주제이다. 그러나 Turner는 일차적으로 행정적인 업적(accomplishments)에 관심을 가졌다는 것을 알아야 한다. Wilson의 입법적인 업적(accomplishments)과 그것들이 일반 정책에 미친 효과에 관한 정리는 제6장의 Walker의 논문을 보기 바란다.

Henry A. Turner는 California 대학 Santa Barbara 캠퍼스의 정치학 교수를 오래 역임 했고 학과장 5년, 대학 교무 담당 부총장을 2년간 지냈다. 그는 저자, 공저자, 4권의 책의 편집자로, 그 책들은 신판을 포함해 총 12권에 달한다. 그는 전문 학술지의 많은 논문의 필자이기도 하다. 그는 해외에서도 가르쳤다. 1962-1963, 수단의 Khartoum대학에서, 1968년 풀브라이트 교수로 남아프리카의 Witwatersrand대학에서, 1974년 풀브라이트 교수로 이란의 Teheran대학에서 가르쳤다. 그는 인도에서도 강의했다.

■ 1889년 John Hopkins대학의 Herbert Baxter Adams교수는 일단의 학생들에게 자기는 사회가 행정에 바친 Wilson의 기여로 부터 큰 도움을 받게 될 것으로 믿는다고 말했다.[1] Adams는 의심 없이 그러한 견해를 표명할 충분한 근거를 갖고 있다고 느꼈다. 이유는 당시에 Wilson은 아주 유망한 행정학자 가운데 한사람이었기에 그랬다. Wilson은 그보다 2년 전에 그의 논문 "행정의 연구"를 발표했고, 3년 동안 Johns Hopkins에서 행정학 과정을 가르쳐오고 있었다.[2] Wilson은 10년 동안 초빙 강사로 이 과정을 계속했다. 그 기간 동안에 그는 Bryn Mawr College에서 Wesleyan대학으로 옮겼고 또 거기에서 Princeton대학으로 옮겼다. Wilson이 Princeton에서 가르치던 처음 3년간 그는 행정학 과정을 가르쳤다.[3] 선구자

1) Johns Hopkins대학 도서관 소장, 비서 T. Iyenaga가 작성한 1889년 11월 8일의 Adams 교수의 세미나 기록에 의하면 "Adams 박사는 학자의 도구성을 통해, 'Gould박사의 관세 개혁, Shaw박사의 도시 개혁, 그리고 Wilson박사의 행정개혁 등에서 사회가 크게 발전하고 있다'고 계속했다."

2) Adams는 그 과목은 "중복 없이, 매년 25강좌로 이루어 졌다"고 기록했다. W. Stull Holt, ed., *Historical Scholarship in the United States, 1876-1901: As Revealed in the Correspondence of Herbert B. Adams*(Boltimore, MD: The Johns Hopkins Press, 1938), 87, 99.

3) 1890-1891년의 Princeton의 교과일람에 의하면 그 강좌는 다음과 같이 기록되어 있다: "행정학. 강의와 공동독회. 주당 2시간… 고학년이 선택하고 대학원생에게 개설." 그 강좌는 Princeton 교과일람에는 4개 학년, 1890-1894에 걸쳐 등재되어 있다. 그러나 국회도서관 소장 Wilson의 평전(grade book)에 의하면 그 강좌는 그 4년 중 첫 3개년만 강의된 것으로 되어있다.

로서의 Wilson의 역할이 그가 Princeton과 Johns Hopkins에서 행정학을 가르칠 당시에 미국의 단 두 대학에서만 그 주제의 과정을 개설했다는 사실에 의해 입증 된다.[4] 그리고 미국에서 첫 행정학 교과서가 쓰여 졌을 때 Woodrow Wilson은 그 분야의 강의를 6년 동안 해오고 있었다.[5]

Wilson은 학문 생활에서 얻은 이론과 지식을 고위 정치 생활에서 개인적으로 검증하고 적용해 볼 수 있었던 소수 의 정치학과 행정학 교수 가운데 한 사람이다. Princeton대학 총장 8년, New Jersey주지사 2년, 그리고 미국 대통령 8년 동안을 그는 최고위 행정가로서 일했다. 이 글은 행정인으로서의 Woodrow Wilson에 대한 분석을 보여준다.[6]

4) Anna Haddow, *Political Science in American College and University, 1636-1900*(New York: D. Appleton-Century Co., 1939), 180, 181, 187, 194, 195. 그 다른 학교들은 Columbia University와 University of Pennsylvania이다.

5) 행정학의 첫 교과서는 Frank Goodnow의 *Comparative Administrative* Law, 2 vols.(New York: G.P. Putnam's Sons, 1893)이다.

6) 이 글에 실린 많은 자료들은 필자의 다음 논문들에서 발표된 것들이다: "Woodrow Wilson : Exponent of Executive Leadership", *The Western Political Quarterly*, Ⅳ (March 1951), 97-115; "Woodrow Wilson and New Jersey Legislature," *Proceedings of the New Jersey Historical Society*(January 1956), 21-49; "Woodrow Wilson as Administrator," *Public Administration Review*, XVI(Automn 1956), 249-257; "Woodrow Wilson and Public Opinion,": The *Public Opinion Quarterly*, XXI(Winter 1957-1958), 505-520.

대학 총장

Wilson이 Princeton대학의 총장을 역임했던 것은 그가 주지사와 미국의 대통령직을 수행하는 방법에 중요하고도 오래가는 영향을 미쳤다. 여기에서, 수석 행정가로서의 첫 자리에서, 그는 그의 행정연구에서 얻은 이론과 정보를 적용할 수 있었고 그가 "리더십의 본능"을 지녔다는 그의 믿음이 사실에 기초하는 것인지를 판결할 수 있었다. Wilson이 Princeton의 총장이 되었을 때는 그의 나이 45세였다. 청년 초기부터서 그는 정치적 지도자의 자리를 원했고 스스로 그 준비를 했다. 그보다 20여 년 전, 대학생으로서 그와 한 친구가 "우리는 우리가 권력을 잡을 수 있게 하는 … 다른 사람들을 우리의 사고방식으로 이끌고 그들을 우리의 목표에 맞춰 등용하는데 용이하게 해줄 … 지식을 습득해야 한다는" "장엄한 서약"을 했었다.7) 그의 저술 노력에서 그는 지속적으로 강력하고 정력적인 리더십을 주장했었다. "우리는 충분한 지도력을 갖추지 않았다고 믿는다." "우리는 우리를 이끌어 갈 인간 집단을 … 찾아야 한다." 그리고 "권력이 무책임 하지만 않다면 권력에는 위험이 없다"는 것과 같은 표현들은 Wilson의 저술에 반복적으로 등장하는 주제이다.

---

7) 1885년 2월 24일 Wilson이 Ellen Axon에게, 그리고 1883년 10월 20일 Wilson이 Ellen Axon에게 보낸 두 개의 편지 모두 Ray Stannard Baker의 *Woodrow Wilson: Life and Letters.*(Garden City, NY: Doubleday, Page&Co., 1927-1939), Ⅰ, 103-104, 229.에 인용되어 있다.

일찍이 Princeton의 학부학생 시절에 Wilson은 영국의 의회형 정부가 미국의 대통령제 정부보다 우수하다고 단정 지었고 그의 남은 생애 동안 미합중국은 영국정부의 일정한 특색을 구현해야 한다고 주장했다. 영국 의회제도에 대한 Wilson의 선호는 일차적으로 그것이 당시의 중요 정부 문제를 보다 효과적으로 대처하는데 성공했다는 그의 신념에 입각했다. 즉 집행부 수장이 정부에 부여된 의무를 수행할 수 있는 권한을 갖고 동시에 그 권한이 대중 통제의 대상이 될 수 있도록 정부를 조직하는데 성공했다는 확신에 입각했다. 그가 역임했던 중요한 세 자리 행정 직위 각각에서 Wilson은 자기가 수상과 한 가지라는 입장을 지녔다. 그가 Princeton총장 취임을 준비하고 있을 때 우리는 그가 "나는 새로운 수상이 그 내각 구성원을 발표할 준비를 하고 있는 것과 같은 느낌이다"고 쓰고 있는 것을 발견한다.8)

그가 대학 총장으로 선출되는 과정이 진행되는 몇 해 동안, Wilson은 교육적인 주제를 집중적으로 쓰고 강의 했고, 그와 Princeton의 다른 동료들은 그들이 믿는 변화가 대학에서 이루어 져야 한다는데 대해 길게 논의했다. 그는 그의 새로운 자리를 통보 받은 바로 직후에 프린스턴 운영위원회(Princeton Board of Trustees)에 그가 이루어져야 한다고 믿는 변화의 개략을 발표함으로써 원대한 계획을 구상하는 그의 능력을 보여주었다. 그는 대학이 학생 집단(student body)의 학습

8) 1902년 7월 19일, Wilson이 Ellen Wilson에게 보낸 편지, Baker, *ibid.*, Ⅱ, 134.

수준 향상, 전체 교과 과정의 개정, 교무와 행정 구조 재 조직화, "개선된 영국식 개인지도 제도"를 채택함으로써 강의 방법에 변화, 교수단의 활성화와 그들의 급료인상, 대학원과 법률전문 대학원 설립 등을 포함하여 모든 면에서 실질적으로 변하는 것을 제안 했다. Wilson의 제안의 범위는 그것을 실현하기 위해서는 대학은 그가 총장이 되었던 당시의 전체 재원보다 두 배나 많은 자금을 모아야 할 필요가 있었다는 것을 지적함으로써 알 수 있을 것이다.[9)]

Princeton총장 재직 전반기 동안에 그는 그 계획들을 대부분 확고히 채택할 수 있었다. 그는 대학의 교무와 행정 구조를 완벽하게 재조직 했고, 가르치는 방법을 바꿨고, 교수단에게 물질적인 도움을 주었으며 중요 건축 사업도 착수 했다.[10)] 변화의 크기는, Princeton에 등록한 학생이 고작 1200명이던 당시에, 1년에 신규 교수 53명을 충원했다는 것을 지적함으로써 알 수 있을 것이다. 더 나아가 그가 건물을 지어 보태기 시작했던 건축 사업은, 그가 대학을 떠날 때까지 지어졌던 건물은 그가 총장이 되었던 당시의 모든 대학 건물의 가격 보다 더 많은 비용을 들여서 지었다.[11)]

---

9) 1902년 10월 21일, 재단이사회(Board of Trustees)에 제출한 Wilson의 보고서. Woodrow Wilson Collection, 국회도서관(Library of Congress). 이하 Wilson Collection이라 함.

10) Luther P. Eisenhart, "The Far-Seeing Wilson," in *Woodrow Wilson, Some Princeton Memories*, ed. William Starr Myers(Princeton, N.J.: Princeton University Press, 1946), 62-63.

11) *Princeton Alumni Weekly*, Ⅵ(January 6, 1906), 232: "A Confidential

Wilson계획의 범위와 영향력은 매우 큰 것이어서 그는 그의 세대에 가장 성공적이고 영향력 있는 교육자의 한 사람으로서 전국적인 위치에 오를 정도였다. 1907년 3월에 운영위원회의 위원한 사람이 그에 관해 "모든 것은 Wilson이 예외없이 오늘날 교육계의 세계적인 지도적 인물이라는 사실을 강조하고 있다"[12]고 썼다. 다른 위원은 그보다 먼저 "당신이 Princeton을 위해하고 있는 혁혁한 작업이 수천 명의 동창과 학부 학생 그리고 수백만의 외부인으로 부터 인정받고 평가받는다는 것을 기꺼이 당신에게 알려 드릴 수 있다는 것에 대해 당신에게 무한히 감사해야 할 것입니다 … Princeton은 지적으로 물질적으로 오늘과 같이 빛나는 자리를 누려본 적이 없었습니다… 당신을 지지해주고 있는 위원회 내외의 훌륭한 사람들의 충성을 결집하고 그것에 방향을 제시한 것은 당신의 천재성과 정신이었습니다"[13] 라고 썼다.

이러한 뛰어난 성공 년대 후 Wilson은 그의 Princeton에서의 말년들이 두 가지 계획 즉 대학원의 설치와 중앙 정원이 있는 건물 계획을 둘러싼 논란에 대체적으로 휩싸였다는 것을 알았다.[14] 이 두 논란에는 유사한 특징을 갖는 많은 요소

Report on Architectural Development," October, 1915. 보고서는 Taylor Pryne Papers, Princeton University에 실려 있다.

12) 1906년 3월 28일 Cleveland Dodge가 Wilson에게, Wilson Collection.

13) 1906년 6월 13일 Lawrence C. Woods가 Wilson에게, Wilson Collection.

14) 이들 두 제안에 관한 자세한 논의와 이후 전개된 논쟁에 대해서는 Arthur S. Link, *Wilson, The Road to the White House*(Princeton, NJ.:

들이 있었다. 각각에서 근본적인 문제는 대학의 행정과 조직에 관계되는 것이었다. 두 논란은 모두 대학의 행정을 그의 리더십아래 통합하는 Wilson의 계획을 두고 전개 되었다. 결국 이들 쟁점 사 각각에서 Wilson이 패배했다. 그렇지만 이들 논쟁의 결과가 널리 알려짐으로써 Wilson이 전국적인 명성을 얻고 1910년 New Jersey주지사 선거와 그 2년 후 미국 대통령이 되는데 기여했다.

Wilson이 Princeton의 총장이었던 8년은 그가 행정학 학생으로서 또 행정학 선생으로서 개발했던 행정이론의 관점에서 볼 때 의미 있고 교시적인 것이었으며 그는 행정 인으로서 값진 경험을 했다. 그는 분명히 기획과 조직화를 즐겼고 광범위한(far-ranging)계획과 그것들을 위한 지원을 조직하는데 비범한 능력을 나타냈다. 대중 연설가로서의 그의 기술도 동창들, 신문, 다른 사려 깊은 공공대중으로부터 지원을 얻어내는데 크게 가치 있는 것으로 입증되었다. 그가 받았던 갈채와 전국적 인정은 그가 리더십 능력을 가졌다는 자기 확신을 더하게 했다. 그의 행정가로서의 눈에 띄는 단점은 타협을 꺼리는 점과 그를 반대하는 사람들을 달래고 그들과 같이 일할 수 있는 능력이 없다는 것이었다.

Wilson이 Princeton의 총장으로 봉사했던 8년과 그가 미국의 대통령이었던 8년 사이에는 깜짝 놀랄만한 유사성이 있다. 그 각각에서 Wilson의 초반 임기는 두드러진 성공으로 표시되고 후반 임기는 실패와 좌절로 채워졌다. 시간이 지남

Princeton University Press, 1947), 46-90을 볼 것.

에 따라 Princeton에 국한한 Wilson행정에 관한 논란은 업적보다는 더 중요한 것이 없다는 것을 알게 되었다. Wilson이 Princeton을 떠난 지 15년 뒤에 Henry B. Fine 학장은 "모든 것이 얘기되고 나면 논란과 어려움이 뒤따랐다고 하더라도 Wilson이 Princeton을 만들었다. … 그가 시작했을 때 Princeton은 옛날의 명예로운 전통을 지닌 미개발 대학이었다 … 그가 떠나 갈 때는 유능한 교수단과 교육 리더십을 갖춘 전국에서 가장 강력한 대학들 가운데 하나가 되었다. 그것은 Wilson 선생님이 깔아 놓은 노선을 따른 이후 발전 했다. … 중요한 일만 고려에 넣어도 Wilson은 Princeton에서 참으로 큰 성공을 거뒀다."[15]고 썼다.

New Jersey 주지사

의심할 것 없이 Wilson보다 더 실제 정치의 경험이 없이 또 보다 많은 학문적 훈련을 하고서 지사직에 입문한 지사는 없다. 이것이 그의 첫 정치적인 자리였다. 그는 지사 임명을 받기 전에는 정치에 적극적이지 않았다. 그런데 실제 경험의 결여는 30년에 걸친 정치에 관한 연구, 교육 그리고 저술로 보전할 수 있는 것보다 더 컸다. 정치학자로서 습득했던 지식과 탁월한 언변술, 그리고 정치적인 상황을 조합하여

15) R. S. Baker의 학장Henry Fine과의 1925년 6월 18일 대담 메모는 수기로 in Ray Stannard Baker Collection, Library of Congress에 있다. 이하 Bakers Paper로 인용한다.

Wilson은 금방 전국적으로 탁월한 지사들 가운데 한사람이라는 명성을 얻었다. 그러나 Wilson은 지사 자리는 일차적으로 미국대통령 자리를 향하는 하나의 계단으로 보았다. 1910년 그는 한 친구에게 "나의 New Jersey 주지사직 임명의 문제는… 나를 1912년 대통령에 임명되게 하기 위한 계획의 단순한 사전 준비일 따름이다[16)]"라고 썼다.

그의 이전 직위였던 대학 총장과 다음 직위였던 미국 대통령 때와 마찬 가지로 Wilson은 지사로서 강력하고 세력 있는 지도자임을 보여 줬다. 다른 사람들의 지원 속에 그는 그의 입법 프로그램을 마련했고 세력을 조직했고 그리고 지원을 얻는데 필요한 리더십을 준비했다. 주지사 취임 연설에서 "대통령형주지사(constitutional governor)"로써 보다는 수상형 주지사(a type of prime-minister governor)로써 봉직함으로써 자기의 집행부 리더십 론을 응용하겠다는 결심을 분명히 했다. 주의회에게 그가 제정되기 바라는 프로그램을 대강 밝히고 난 후 그는 "때때로" 의원들에게 "상세한 권고안"을 만들어 줄 것이며 "필요하다면" 그 권고안은 "법안 형식으로" 만들어질 수 있다고 공포함으로써 의원들을 놀라게 했다.[17)]

Wilson의 공직 생활 첫 3년 6개월은 그가 주수준의 정치적 리더십의 역량을 갖췄다는 것을 입증했다. New Jersey 입법의회의 1911년 회기가 1911년 4월 22일로 연기 되었을 때

16) Wilson이 1910년 6월 27일, David B. Jones에게 보낸 편지. Bakers Papers.

17) *New Jersey Senate Journal*, 1911, 58.

Wilson은 그의 모든 의회 개혁 법률들이 제정되게 하는데 성공했다. 이것들은 선거 개혁, 부패처리 령, 공공기반사업(public utility; 전기, 가스, 수도 등) 규제, 작업자보상, 주교육체제의 재조직, 도시의 위원회 형 정부 채택 허가 령, 발안 제, 주민투표제와 소환제등 등을 마련해 주는 입법을 포함 한다.[18] 아주 정직하게 그는 다음과 같이 쓸 수 있었다.

> 나는 내가 애쓴 모든 것을 확실하게 얻었다 — 그리고 많은 이외 것도 … 모든 사람들이, 신문을 포함해서, 그 가운데 어떤 것도, 나의 영향과 기교 그리고 사람 장악력이 없이는, 이루어 질 수 없었다고 말하고 있다. … 그 결과는 내가 감히 말하건대 이 나라의 역사상 얻은 승리 가운데 가장 완벽한 것이었다.[19]

오랫동안 열망해 왔던 정치 지도자의 역할을 수행하는 가운데, Wilson은 마침내 주지사 직은 진정한 권력(real power)의 자리가 될 수 있다는 것을 확인했다. 의심할 것 없이 Wilson의 성공이 부분적으로는 개혁의 요구가 그 절정에 달했을 때 그가 주지사가 되었다는 사실에 기인되었다고 하드라도, Wilson의 확고한 리더십이 법률의 제정을 이룩하는데 결정적인 요인이 되었다. 그는 여러 아이디어들, 세력들 그리고 후원자들을 함께 모아 그토록 오래 성공도 못하면서 주창만 되

18) *Ibid.*, 1248-1289.

19) Wilson이 1911년 4월 23일, Mrs. Mary A. Hulbert, 에게 보낸 편지, Baker, *op. cit.*, Ⅲ, 170에서 인용.

었던 개혁을 절정에 달하게 했던 지도자였다. Wilson은 자기의 역할을 다음과 같이 설명하고 있다.

> 나는 기본 방침을 작성했고, 머릿속에 만들어진 법령을 간직했고, 의회에 대해 꾸준한 여론의 압력을 유지 했고, 사업이 마지막까지 구체적으로 실현되게 했다 … 당연히 그것은 자연스런 역사의 조그마한 파편에 불과한 것이다. 나는 시기가 완전히 무르익었을 때 그 직을 맡았다. 당시에 여론이 이 모든 문제에 대해 숙성되어 있었고 양 정당은 이들 개혁을 신봉했던 시기였다 그리고 오직 빠르게 대치하고, 결코 한 시간도 기업이 한 눈을 팔지 않고, 오직 모든 종류의(정당한) 압력을 항상 유지함으로써 유력한 세력들이 어느 지점에서도 마음을 딴 곳으로 돌리거나 폐쇄되는 것을 막았던 시기였다.[20]

1911년 New Jersey 선거에서 공화당이 의회를 다시 지배하게 되었고 상원도 계속해 장악할 수 있었다. Wilson은 그가 반대당에 의해 상하 양원이 지배당하고 있는 의회와 더 불어서는 수상형 주지사의 역할을 수행한다는 것이 어렵다는 것을 분명히 믿고 있었다. 일부는 이 이유 때문에 또 일부는 그가 당시에 대통령 선거 지명전 선거 운동을 하고 있었기 때문에 그는 추가 개혁조치를 입법화하려는 노력을 거의 기울이지 못 했다. 대신에 그는 그의 입법 노력을 주로 주의 행정 구조를 개편하는 조치가 취해지도록 몰아가는 데로 기

20) *Ibid.*

울였고 또한 공공 자금과 전년도에 통과된 법령들을 그의 자유스런 거부권 행사를 통해 보호하려는데 기울였다.

Wilson이 대통령이 되게 한 1912년 선거에서 민주당은 New Jersey의회의 상하 양원에서 모두 다수당이 되었다. 다시 한 번 Wilson은 민주당의 지도자라는 그의 믿음을 분명하게 했고 의원들이 그의 정책을 지지해줄 것을 기대 했다.[21] 의회에 보내는 그의 연례 교서에서 그가 제정되어야 한다고 믿는 많은 법률을 열거했고, 의회가 소집도 되기 전에 그는 그들에게 제출된 법률 초안을 만들기 시작했다. Wilson이 여전히 주지사 일을 하고 있던 1913년 두 달 동안 그가 주지사 일을 하던 첫 해에 매우 잘 사용했던 전략과 아주 같은, 의회와 함께 일하는 전략을 채택했다. 그가 약간은 성공적인 것 같지 않지만 의회는 꾀 많은 그의 법안을 제정해 주었다. 통과된 법률안 가운데는 그 당시 다른 어떤 주보다도 New Jersey주에 더 많이 회사(trusts)와 대기업을 종합적으로 통제할 수 있는 권한을 부여하는 일곱 개의 별개 조례들이 있었다.[22]

Wilson의 이력을 고찰한 학자들은 일반적으로 주의 행정조직을 재 구조화하려했던 그의 노력을 간과 하고 있다. Wilson이 주지사 재직 시 통과된 광범위한 사회 입법과 그의

21) Wilson은 "나는 주의 지사로서 또 모든 주민의 대표로서 주안에서 정당의 지도자가 되는 것이 나의 의무이다…"라고 말했다. *New Jersey Minutes*, 1912, p.12.

22) Edwin G. Conklin, "The Entrance of Wilson upon the Political State" in Irving S. Kull, ed., *New Jersey: A History*(New York: American Historical Society, 1926), 1064.

대통령 선거 운동은 의원들을 유도해 주 행정 체제를 재조직하려는 그의 시도와 새로운 헌법의 초안을 주장하는 헌법회의(constitutional convention)를 만들려는 그의 노력을 흐려 놓는 경향이 있었다. Wilson이 지사직 임명을 수락한 그 시간부터 그는 중요 정부 문제는 "행정의 재 조직화와 절약[23)]"이 될 것으로 생각한다고 천명하면서 미국대통령이 되어 지사직을 사임할 때까지 그는 간단없이 주 행정기관의 재 조직화를 강력히 주장 했었다.

주 의회에 보내는 1912년 교서에서 "절약과 능률"을 증진시키기 위한 행정 개혁을 강력히 주장했다. 의회에 보낸 그의 제안 속에는 위원회를 만들어 "주정부의 행정 기구가 절약과 능률을 오릴 수 있는 최선의 가능한 바탕위에 올라서게 하기 위해 주의 행정 기구를 단순화하고 조정하는 전반적인 문제를 고찰하고" 조사하게 하자는 건의가 들어 있다. 비록

---

23) Henry J. Ford, *Woodrow Wilson, the Man and His Works: A Biographical Study* (New York: D. Appleton & Company, 1916), 125. 지사지명을 수락하면서 Wilson은 말했다 : "나는 우리 앞에 놓인 행정의 재 조직화와 절약, 조세 평등, 그리고 기업의 통제라는 세 가지 큰 문제를 다루고자 합니다." Wilson의 문헌을 잘 읽어 보면 현존하는 주정부를 재 조직화하고자하는 신념이 깊게 자리 잡고 있음을 알 수 있다. 예를 들어 주정부의 근본적인 결함은 통합된 행정체계를 결하고 있는 것이다. Wilson은 주 행정체계의 통제는, 주지사의 손안에 집중되지 않고, 여러 주 공무원에게 분산되어 있는바, 그들 중 어떤 사람은 선출된 사람들이고 "공식 직위와 서열 말고는, 지사의 부하라고도 할 수 없는 사람들이다."고 지적했다. Woodrow Wilson, *The State: Elements of Historical and Practical Politics,* (Boston: D. C. Heath, 1889), 499.

1912년 의회가 대부분의 그의 행정 개혁 제안을 거부하긴 했지만 의회는 "New Jersey주 절약과 능률 위원회[24)]"를 창설했다.

Wilson이 그의 대부분의 행정 조례들은 의회의 입법으로 거의 실현될 수 있었다고 지적하고 있지만 그는 영구적인 행정 개혁을 이룩하기 위해서는 새로운 헌법이 초안되어야 한다고 느꼈다. 그는 1844년에 채택된 New Jersey 헌법은 "여러 부분에서 재고를 요하고 그중 어떤 것은 매우 중요하다"는 것을 의회에 알렸고 이어서 그가 주지사직을 수행하는 첫 해에 시행될 수 있게, 주지사와 의회의 협동을 보장하는 헌법을 마련해 줄 주 헌법 초안을 기초해주기 바래 주 헌법회의의 소집을 요구 했다. 그는 New Jersey가 수상형으로 집행부가 기능하는 의원 내각제형의 정부를 마련해주기 바랬던 것이 분명하다. 지사직을 사임하기 직전에 Wilson은 New Jersey 의회를 향해 "부패 통제 권한은 우리의 현행 헌법 제도 아래서도 많은 또 부수적인 우위를 누린다. 우리는 우리가 다른 대의 제도와 다른 공무원 책임 제도를 가질 때까지는 그것들로 부터 벗어날 수 없을 것이다"[25)]라고 애기 했다. 그렇지만 의회는 헌법회의에 관한 그의 권고에 주의를 기울이는데 실패했다.

몇 몇 Wilson전기 작가들은 Wilson의 세 행정직 모두는 초기에는 탁월한 성공을 거두었고 나중에는 참혹한 실패가

24) *New Jersey Assembly Minutes,* 1912, 12-14, 422-423.

25) *Ibid.*, 1913, 20-21; Baker, *op. cit.*, Ⅲ, 173.

이어졌다는 견해를 밝혔다. 그러나 그와 New Jersey 주 의회와의 관계에 관한 한 연구가 그러한 해석은 잘 못된 것임을 밝혀준다. 정말이지 Wilson의 위대한 입법적 승리가 1911년, 그의 지사직 첫해에 있었다. 그러나 1912년의 공화당 의회가 그들의 민주당 주지사의 리더십을 따라가지 못했다는 것은 Wilson 편에서 보면 특기할 만한 것도 아니고 또한 대단한 실패라고 지적할 만한 것도 아니다. Wilson이 주지사직을 떠나기 전 1913년 의회에서 법률로 제정된 수많은 그의 제안 법률안들이 그가 의회 회기가 끝나기 전까지는 Washington을 향해 Trenton을 떠나지 않았던 그의 직무의 첫 한 달 동안만큼 성공적이었다는 것을 가리킨다. 어떻든 그의 주지사직 재직 동안에 이룩한 입법 전체는 그를 그의 세대에 그가 전국적으로 가장 성공한 주지사 가운데 한 사람으로 돋보이게 했다.

Wilson의 주지사직 2년은 그의 대통령으로서의 다음 이력에 중요한 의미를 지닌다. 이 자리에서 그는 자기가 "공무를 집행하는 가운데 자기에게 닥칠 거의 모든 일에 대한 훈련을[26]" 하고 있는 것으로 느꼈다. 그 동안의 경험이 정치적 리더십에 대한 그의 자질을 더욱 믿게 했고 그의 집행부 책임론에 대한 신념을 더욱 굳게 했다.

---

26) Wilson이 1911년 4월 23일에 Mrs. Mary A. Hulbert에게 보낸 편지, Baker, *op. cit.*, Ⅲ, 171에서 인용.

대통령으로서의 Wilson

1913년 Wilson의 대통령 취임과 더불어 국가적 정치 지도자가 되겠다던 소년 시절의 꿈이 실현되었다. 직무 착수 직후 그는 과거와의 단절을 계획하고 있고 전임 대통령들과는 다른 집행부 장이 되는 것을 계획했다고 밝혔다. 자신의 미국정부론과 비교 정부론의 연구를 통해 그는 오랫동안 입헌적 입장에서 보면 대통령직은 약한 자리라고 믿어왔다. 그의 첫 중요한 정치학 논문을 시작으로 집행부 장의 직위를 강화하자는 제안을 내놓았다. 그는 처음으로 대통령이 그의 내각을 의회의원들 가운데서 뽑거나 아니면 내각의 각료에게 의회의 의원 자리를 줌으로써 미국이 의원 내각제형 정부를 채택할 것을 요구했다.[27)]

백악관에 있던 Theodore Roosevelt를 지켜보고 나서 Wilson은 집행부 장의 권한을 증가시키기 위한 덜 극단적인 방법을, 그리고 가능하면 보다 실제적인 방법을 주장하기 시작했다. 그러고 나서 그는 대통령은 그 나라의 지도자, 정당의 지도자 그리고 헌정의 집행자라는 3중역할을 주장하여 집행부와 입법부를 결합하고 원하는 리더십을 확보한다고 주장하기 시작했다. Wilson은 리더십을 확보하는 제일의 수단은 공공여론을 통하는 것이라고 지적 했다. 1908년에 그는 "대통령은 법과 양심에서 자유롭고 그가 할 수 있는 만큼 대인이

---

27) "Cabinet Government in the United States" *International Review,* Ⅳ (August, 1879), 46-163;과 "Committee or Cabinet Government," *The Overland Monthly,* Ⅲ(January 1884), 17-33를 볼 것.

될 수 있다. … ”고 썼다. 요컨대 대통령은 “자기 정당을 지배할 수 있고” “나라의 현실 감정과 목표의 대변자가 됨으로써, 여론에 방향을 제시함으로써, 나라로 하여금 정당과 국민들 모두가 그 판단을 할 수 있도록 해주는 정책의 정보와 내용을 곧바로 나라에 알려 줌으로써” 나라를 이끌고 갈 수 있다. 그는 대통령은 “여론 외에 의회를 압박할 아무런 수단을 갖지 못한다”고 덧붙였다.[28)]

수상형 대통령

대통령 취임 직전에 Wilson은 “대통령은 공평하고 체계적인 법 집행에 관해서 만은 의회의 지휘를 많이 배려하는 수상이 되어야하고, 그는 국가의 모든 일에 대한 대변자 이다 … [29)]”는 오랫동안 간직해온 자신의 확신을 되 내이면서 국가의 집행부 장으로서 그가 수행하고자 계획 했던 역할을 밝혔다. 대통령으로서 첫 6년 동안에 Wilson은 의회와 국민에게 전에 없는 리더십형태를 보여 주었다. 이 기간에 몇 가지 우연한

---

28) Woodrow Wilson, *Constitutional Government in the United States,* (New York: olumbia University Press, 1908), 68, 70. Wilson은 Richard Neustadt의 만년에서와 같이, 대통령의 권력은 근본적으로 설득하는 힘이며 그리고 설득은 협상을 포괄함을 깨달았다. *Presidential Power; The Politics of Leadership; From FDR to Carter,* (New York : Wiley, 1980).

29) 1913년 2월 5일 A. Mitchell Palmer에게 보낸 편지, 53 *Cong. Rec.,* 1260 (August 15, 1916)에서 인용.

상황이 그의 성공에 기여 했다. Wilson은 1892년 Grover Cleveland 이래 처음 당선된 민주당 대통령이었다. 그리고 Wilson의 승리에 따라 민주당이 의회의 양원 모두를 통솔하게 되었다.[30)] 이와 더불어 Wilson의 "신 자유(New Freedom)" 입법 계획 속에서 그가 주창했던 많은 제안들이 개혁주의자들과 다른 사람들에 의해 여러 해 동안 강력히 요구되어졌고 Theodore Roosevelt의 대통령직 수행(presidency)이 Wilson에게 길을 열어 주었다.[31)]

집무 첫 달 동안 Wilson은 그가 Princeton의 총장 때와 New Jersey의 주지사 때 하던 것과 똑 같이 추진했다. 그는 곧 바로 그가 미국의 가장 뛰어난 대통령 가운데 한사람이라는 명성을 얻게 했던 입법 계획을 확고히 채택하도록 조치했다.[32)] 정치적인 기술과 제도 그리고 지금까지 습득했던 설득

30) 1912년 선거에서 민주당은 하원에서 단일 선거사상 어떤 당보다도 가장 많은 득표를 했다. 63석을 얻었고 동시에 상원에서도 10석을 보탰다.

31) Erwin C. Hargrove와 Michael Nelson은 금세기 동안엔 대통령의 영향력의 부침이 주기적으로 일어났고 최고 집행자는 "준비"와 "성취" 그리고 "통합"하는 대통령이었음을 지적했다. Er C. Hargrove and Michael Nelson, *Presidents, Politics, and Policy* (New York: Alfred A. Knopf, 1984), 67.

32) 1948년에 행해진 미국의 역사와 정치학자 선두 55인에 관한 Harvard 대학의 Arthur M. Schlesinger교수의 조사에서 Wilson은 Washington, Jefferson, Jackson, Lincoln 그리고 Franklin Roosevelt와 나란히 "위대한" 대통령들 가운데 한 사람으로 평가 되었다. *Life*, November 1, 1948, 66, 68. 1962년에 Schlesinger교수에 의해 행해진 75인의 학자에 관한 유사한 조사에서 Wilson은 Washington, Jefferson,

술을 활용하여 그는 대통령직을 위해 영구히 바람직한 것으로 믿었던 권력과 영향력의 성취를 거의 이룩할 수 있었다. Wilson의 성공의 일부는 그가 이전에는 대통령에 의해 사용된 적이 없었지만 지금은 유서 깊은 대통령의 특권이며 책임으로 여겨지는 초헌법적인 절차를 사용한데서 비롯되었다.

공공여론이 그의 입법 계획을 지지하도록 동원하는 노력으로 Wilson은 115년의 선례를 깨고 몸소 의회에다 그의 대통령 교서를 전달했다. 의회에 보낸 그의 첫 교서는 —1913년 4월 7일에 발표됨— 이어지는 대부분의 그의 대통령 교서와 마찬가지로 오직 중요한 한 가지 쟁점사만 다뤘고, 간단명료했으며, 재기 넘치게 전달되었고, 의회와 마찬가지로 공공 대중도 겨냥 했었다. 그의 대통령 재직 시 간단없이 특별한 문제에 공공여론과 의원들의 관심을 집중시키고자 할 때는 의회를 향해 연설 했다.

비록 다른 대통령들도 가끔씩 기자들 집단을 만나긴 했지만, Wilson은 1913년 3월 15일 모든 백악관 출입 기자들을 초청한 공식 대통령 기자 회견을 개최했던 첫 대통령이 되었다.[33] 그의 대통령 직무를 시작했던 초기에는 2주에 한 번씩

Lincoln 그리고 Franklin Roosevelt와 함께 "위대한" 최고 행정가 가운데 한사람으로 자리 매겨 졌다. *The New York Times Magazine* (July 29, 1962), 12, 13 그리고 40.

33) 여론을 활용하는 가장 극적인 노력은 의회가 Underwood Tariff을 논의할 때 1913년 5월 26일 언론에 보낸 그의 성명 이었다. Ray Stannard Baker and William E. Dodd, eds., *The Public Papers of Woodrow Wilson*(New York: Harper & Brothers, 1925), Ⅲ, 36.에서

기자회견이 열렸다. 그러나 Wilson이 점차 국제 문제에 간여하게 되자 주 2회 회견은 취소되었고 그의 대통령 임기 말년에는 그냥 수시 기자 회견으로 대치되었다. 가끔 Wilson은 대중 연설이나 언론에 내는 성명을 통해 공공여론을 불러일으키는 능력을 과시하기도 했다.

공공여론에 대한 리더십을 갖춘 외에 Wilson은 의회와 함께 일을 함에는 그의 정당 지도자로서의 역할을 효과적으로 활용했다. 자기 정당에서의 대통령의 역할에 관한 Wilson의 견해와 그 선임자들의 견해에는 약간이지만 중요한 차이가 있다. 많은 대통령들이 대통령은 정당의 대변인이라는 전제에서 행위 했다. 그러나 Wilson은 정당의 지도자인 대통령은 정당의 정책을 형성하는 권리와 책임이 있고 아울러 자기 정당의 국회의원은 그 정책들을 지지해야한다는 입장을 취했다. Jefferson을 예외로 하고 Wilson은 다른 대통령이 의회에서 자기 정당의 지지를 얻으려 했던 것보다 많이 지방정당(party caucus)을 활용했다.[34] 많은 의회 의원들은 그들이 대통령이 제출한 법안을 지지하도록 하는 지방정당의 활용을 반대했으며 Wilson이후로는 지방정당이 그의 행정 재직기간에서처럼 활용된 적이 결코 없다.

Wilson은 자기의 집행부 리더십 론을 확인하고서 입법과정

인용. 이하 *Public Papers*라 함.

34) William Franklin Willoughby, *Principles of Legislative Organization and Administration*(Washington: Brookings Institution, 1934), 559-564.

의 모든 단계에서 영향력을 행사했다. 뒷날 우정장관 Albert S. Burleson이 "6년 동안 우리는 변함없이 Wilson이 밝힌 대로 그 사업들을 밀고 나갔다[35]"고 썼다. Wilson이 집행부 장과 그의 부하들은 상당수의 입법안을 초안해야하고 의회는 그것들을 사실상 초안된 대로 제정해야 한다고 처음으로 주장한 대통령이다.[36] Wilson은 또한 대통령의 권한이 협상에 관여된다는 것도 알고 있었으며 그리하여 그는 의회의 지원을 얻기 위해 그 권한과 자기 사무실의 잡수입을 기꺼이 사용하고자 했다. 근본적으로 Wilson의 노력 때문에 중요 법안(prime legislation)이 George Washington부터 Franklin Roosevelt에 이르기까지 다른 대통령들 때 보다 그의 대통령직 재위기간에 더 많이 통과 되었다. 6년 동안 Wilson은 전례가 없는 방법으로 의회를 이끌고 통제했다. 그러나 1918년 선거에서 민주당이 의회의 통제권을 잃게 되자 그는 그의 리더십을 마련해 주었던 가장 중요한 수단을 잃게 되었다.

입법에 나타나는 행정의 효과

Wilson대통령 하에서 제정된 법률은 그의 직무수행 절차와 함께 나라의 행정제도와 행정 실제에 중요하고도 지속적인

35) Albert S. Burleson이 Joshephus Daniels에게 1926년 2월 19일에 보낸 편지, Baker Papers.

36) Norman J. Small, *Some Presidential Interpretations of the Presidency* (Baltimore, MD: Johns Hopkins University Press, 1932), 178.

효과를 냈다. 한 가지 중요한 효과는 연방 정부 활동의 증가로 나타났다. 전쟁 중이던 몇 해 동안에는 행정 인력이 엄청나게 증가 했고 전쟁이 끝난 뒤에는 행정활동이 감소했지만 정부는 결코 그 규모를 전쟁 전으로 약정하지 않았다. Wilson 밑에서 계속되는 집권 화 운동이 가속화 되었다. 한편으로는 주정부의 활동을 희생 시켜서 연방 정부의 활동의 범위를 키우려는 법률이 제정되었고, 다른 한편으로는 전에는 규제되지 않았던 분야에 대해 정부의 권위를 확장하려는 법률이 제정되었다.

전에는 주의 몫으로 남겨뒀던 영역으로까지 연방 정부의 권위를 확대하려는 것을 설명하기위해 우리는 다음과 같이 열거할 수 있다. 즉 연방 준비금 법(the Federal Reserve Act)은 주 은행을 간접적인 연방통제 하에 둔다 ; 1916년의 국가방위 법(National Defense Act of 1916)은 주 국민군을 합중국 군대에 부속 시킨다; 혹은 도로지원연방법(Federal Aid to Roads Act), 스미스-레버 법(the Smith-Lever Act), 혹은 스미스-휴즈 법(the Smith-Hughes Act)과 같은 주에 대해 보조금을 마련해주는 법 등을 열거할 수 있다.[37] 전에는 규제되지 않았던 영역에 대해 정부 통제를 확대한 예로는 연방 교역법(Federal Trade Act), 클레이튼 독점금지법(the Clayton Anti-Trust Act), 라포레트 시만

37) Wilson행정부 기간 동안에 7개의 공공부조법안이 통과 되었다 —전체의 전임 대통령들 때 통과되었던 것에 비해 단 1개 적다. Leonard D. White, *Trends in Public Administration*(New York: McGraw-Hill Book Co., 1933), 29, 33-48.

의 법(the LaFollete Seaman's Act), 1920년 연방 교통법(the Federal Transportation Act), 연방전력법(the Federal Power Act)이 포함된다.

Wilson이 대통령 재직 시에 행정 체제에 영향을 미쳤던 또 다른 확장은 독립기관의 수가 크게 증가한 것이다. Wilson이 직무를 시작했을 때에는 인사위원회(the Civil Service Commission)와 주간 통상 위원회(the Interstate Commerce Commission) 단지 두 개의 독립 위원회가 있었고, 파나마 철도(Panama Railroad)만이 유일한 정부 기업이었다. Wilson대통령 재직 시 다양한 위원회(Commission), 회의(board), "행정(administration)"과 정부 기업이 창설 되었다. 물론 연방 통상 위원회(the Federal Trade Commission)와 관세위원회(The Tariff Commission) 연방전력위원회(the Federal Power Commission)그리고 미합중국 선박 회의(the United States Shipping Board)는 영구적인 연방 행정 구조의 일부가 되었다. 다른 많은 독립기관은 전시 비상조직으로 단명했지만 그것들은 불경기를 극복하고 2차 세계 대전을 수행하기 위해 창설된 기관들의 중요한 조직 모델로 쓰인다.

Wilson대통령의 인사 정책은 전에 밝혔던 그의 입장과는 일치하지 않았다. Wilson은 오랜 동안 인사개혁을 주장해왔고 대통령이 되기 바로 직전 2년 동안 그는 전국인사개혁연맹(the National Civil Service Reform League)의 부 위원장을 맡고 있었다. 그럼에도 불구하고 대통령 재직 시 그는 연방 인사개혁을 거의 취하지 않았다. Wilson의 이 부분에 대한 가장 두드러진 기여는 실적제를 1급 2급 그리고 3급 우체국장에까지 확장했던 것이다.

행정관리의 측면

Wilson은 그가 대통령이 되었을 때 그에게는 연방 정부를 친히 지휘할 시간도 보조자도 없다는 것을 깨달았다. 백악관의 보좌진은 한명의 대통령 비서(presidential secretary)와 두세 명의 다른 비서들 속기사들 그리고 서기들로 구성되었다. Wilson의 2기 직무 기간 동안 Joseph P.Tumulty가 그의 비서와 조수 장으로 일했으며 그 자리는 Wilson이 New Jersey주 지사였을 때도 맡았던 자리다. Wilson이 직무를 착수 했을 때 그는 백악관 직원으로 단지 Tumulty와 자신의 속기사 겸 비서 한명과 Tumulty의 비서 한명만 임명했다. 집행부의 다른 모든 직원들은 Taft 대통령 때 봉직했던 사람들이 그대로 남아 있었다.[38] Wilson은 자신의 모든 연설문을 직접 썼으며 국무성을 통해 외국 권력자들에게 보내지는 모든 중요한 노트들도 직접 썼다. Wilson의 백악관 수석 보좌관으로서 Tumulty는 인사 임명, 행정적적인 일들과 정치적 쟁점 사에 관한 것들을 항상 알고 있도록 하는 것, 그리고 언론비서와 의회 연락관의 일을 하는 것을 포함해 다양한 임무를 수행했다. 오늘날 대통령 직무집행실(Exective Office of the President)을 구성하고 있는 여러 가지 조직이 그 당시에는 없었다.

Wilson이 대통령이 되었을 때 모든 연방 행정기능이 사실상 내각구성원인 비서가 장관을 맡은 단위 집행 부처에 의해

38) R. S. Baker가 1933년 7월 16일 행한 Charles L. Swen과의 대담 메모. Baker Papers에 수기 됨. Swen은 Wilson이 대통령으로 재임하는 동안 개인 비서를 지냈음.

수행 되었다. 초심학자 때 Wilson은 미국은 "내각제 정부(cabinet government)"형을 채택해야 한다고 주장했었지만 세기말 이후 그 생각을 포기했다. 1908년의 글에서 그는 내각은 "집행부서이지 정치 기구가 아니다" 그리고 "엄격하게 대통령의 집행 임무의 관점에 국한 시켜보면, 대통령은 위원회의 의장처럼 내각의 구성원과 합동으로 대통령 부(presidency)를 관리한다고 말할 수 있다"고 썼다.[39)]

Wilson이 자기 내각의 구성원을 한 사람도 선택하지 않았긴 하나, 그것은 일차적으로 자기의 정치문제 및 정치적 관심사의 자문관이 많은 내각 구성원 선정의 전반적인 책임을 맡아주기 바랐기 때문이다. Wilson의 첫 각료 임명은 William Jennings Bryan을 국무장관에 임명한 것이다. Bryan은 세 번 그의 당 대통령후보 지명전에 나섰던 사람으로 Wilson이 지명 받는데 도움을 줬고 선거운동에서 Wilson을 도왔었다. Wilson은 자기 법률안이 확실히 채택되게 하는 데는 Bryan의 도움이 필요하리라는 것을 분명히 믿고 있었다. Wilson은 우정장관으로 Albert Sidney Burleson을 선택했다. 그는 그가 8년 동안 봉직했던 하원에 상당한 영향력이 있었다. Wilson의 친구 Colonel Edward M. House가 Burleson(그리고 다른 몇 몇 각료)의 임명을 요청 했지만, Wilson이 Burleson을 선택한 것은 주로 Burleson이 백악관과 의회사이를 연결 지어 주고 후원해 주고 다른 정치적인 일에 대해 그에게 자문해주기를 바랬기 때문이었다. 첫 Wilson내각의 적어도 다른 세 명의 각

39) Wilson, *Constitutional Government in the United States*, 66.

료는 부분적으로는 선거운동에서 Wilson이 진 정치적인 빚을 갚기 위해 선택되었다.

그가 많은 고위 행정 인을 선택하는 데는 행정적인 이유가 중요했다. 어떤 경우에는 특정 부서가 다루는 기능적인 행정 문제에 대한 지식 때문에 부처의 장관을 골랐다. 모든 부처에 걸쳐서 Wilson은 부여받은 "중요 직책과 특별히 잘 어울린다(special fitness for the great business post)"하여 적어도 한 사람을 수석(top officials)으로 임명했다.[40] Wilson이 전에 "행정이란 사람들이 배워야만 할 것이다"[41]라고 말했지만, 이전의 행정 경험은 분명히 각료를 선택 결정하는 데는 비교적 영향을 미치지 못했다. 몇 몇 부처 장관은 성공한 기업인 교육 행정인, 혹은 공공 행정인의 배경을 갖고 있었지만 대부분의 지명자는 그런 류의 경험을 하지 않았다. 참으로 Wilson이 각료를 선택 할 때에 각료는 사전에 행정 훈련을 받았어야 한다는 그의 신념 보다는 법률가에 대한 선호 경향이 더 비중이 있어 보였다. 두 번에 걸친 그의 임기 동안에 그의 내각에서 일했던 19명의 각료들 가운데 14명이 변호사 자격이 있었다.

다른 요인들이 Wilson의 많은 각료임명을 결정하는데 도움을 주었다. Wilson은 미국정부론의 학생으로서 또 선생으로서 각료는 수많은 행정적 결정과 정치적 결정을 해야 한다는

---

40) *Ibid.*, 76.

41) Woodrow Wilson, *Congressional Government: A Study in American Politics*(Boston: D.C. Heath, 1889), 254.

것을 배웠다. 그는 그와 같이 진보적 사고를 갖는 사람을 갈구했다. 왜냐하면 그런 사람들의 결정과 행위는 그 자신이 하고자 했던 결정과 행위와 비슷할 것이고 따라서 그와 생각을 같이하는 사람들과 보다 쉽게 일을 할 수 있으리라고 믿었기 때문이다.[42)]

Wilson이 각료 회의를 주재할 때 취한 행위는 거의 대부분이 그가 애초에 가졌던 생각들과 그의 뛰어난 리더십역량에서 나온 것이었다. 초기의 어느 각료회의에서 Wilson은 "당분간 내 정당의 지도자를 선택해오고 있는데, 나는 그것을 나의 지도 임무라고 느낍니다"[43)]라고 말했다. 그리고 그의 두 번의 임기 동안 내 내 그의 내각 안에서 권력의 소재지(locus)에 관한 어떤 질문도 나오지 않았다.

Wilson과 그의 부처 장관들이 썼던 편지와 비망록 그리고 출판물을 정독해보면 내각이 많은 정치적 쟁점 사를 논의해 중요한 결과를 냈음을 알 수 있게 한다. 그러나 시간이 지남에 따라 Wilson이 장관 협의회를 모색하지도 않았고 그들이 중요 국제 문제를 잘 알 수 있도록 하지 않는 경우가 발생했다. 그렇지만 Wilson이 바람직하리라고 믿을 때에만 내각에 협의를 구했다는 것은 그의 대통령 리더십론과 정확하게 일치한다는 것을 지적해야 할 것이다. 그는 만약 대통령이 그 내각으로 부터 "정치적 자문을 구한다고 하면" "… 그가 그

---

42) Josephus Daniels, *The Wilson Era*, 2 Vols. (Chapel Hill, NC; The University of orth Carolina Press, 1944-1946), I, 140.

43) Wilson, *Constitutional Government in the United States*, 76.

것을 구하는 것은 그들의 천부적으로 좋은 감각과 많은 경험에서 나온 판단을 … 그들의 비범한 관찰력과 분별력을 가진 시민 대표로서의 명민성을 신뢰하기 때문에 그런 것이지 그들이 정치와 어떤 매우 가까운 접촉을 하고 있을 것으로 생각해서 그런 것은 아니다…"라고 썼다. 각료를 정치 자문으로서 보다는 행정 집행자로 뽑고 있었기 때문에 그는 그들 부처의 관할 영역 밖에 있는 정치 문제에 대해서 그들과 협의해야 할 의무감을 느끼지 않았다.

정부학도로서 Wilson은 계속해서 집행부 장은 정부의 "행정의 세부 사항(administrative details)을" 지시하려고 해서는 안되고 부처의 장에게 그들의 조직을 관리하는 책임을 위임해야한다고 주장했다.[44] 그렇지만 실제로는 Wilson이 몇 몇 부처의 장에게 허용한 자치의 정도와 따라서 그가 그들에게 행사한 통제의 크기는 때에 따라서 또 부처에 따라서 달랐다. Wilson은 국제 문제의 처리에서 국무부 장관에게 아주 적은 재량권을 주었다. 전쟁 중에는 그는 육군 장관 및 해군 장관과 밀접한 접촉을 유지 했다. 그는 종종 재무장관과 가까이 일했고 이따금씩 하나 둘 다른 각료들과도 가까이 일했다. 그러나 이러한 예를 제외하면 Wilson은 그의 장관들에게 자유를 많이 주었다. 뒷날 해군 장관 Josephus Daniels는 다음과 같이 쓰고 있다:

44) Woodrow Wilson, *The State: Elements of Historical and Practical Politics* (Boston: D. C. Heath, 1889), 542.

> 시작부터서 Wilson 대통령은 그의 각료들이 자유로이 그들 부처업무를 관리할 수 있게 했다. 어떤 대통령도 그들의 부하들의 임명에서 그들을 방해하는 것을 그처럼 삼가지 않았다. 그들의 책임을 믿고 그들에게 자유, 신뢰, 그리고 협력을 주었다.45)

그렇지만 그의 장관들에게 행사해야하는 통제의 정도를 결정할 때는 Wilson은 크게 공공정책의 문제와 내부관리의 문제로 구분했다. 그가 부처장에게 두 영역 모두에 걸쳐 자유를 주고 있긴 하지만 보다 큰 정책에 관한 문제는 부처의 장과 협의하여 Wilson이 결정하도록 되어 있었고 반면에 대부분의 관리문제는 내각 관리자 개인의 재량에 맡겨지도록 되어 있었다는 것을 알 수 있다.46)

대학 총장과 주지사로서 Wilson은 부서의 계통을 뛰어 넘어 전체 행정의 재 조직화와 방향 전환에 큰 효과를 냈다. 미국 대통령일 때 Wilson은 연방 행정 구조는 재조직 되어야 한다고 주장했고 초과 인원 재 조직화 법(Overman Reorganization Act)을 채택하는데 성공했고 전에 그의 제자였던 육군 장관

45) Josephus Daniels, *The Life of Woodrow Wilson*(Philadelphia: The John C. Winston ompany, 1924), 139-140.

46) Wilson의 농업 장관이 장관을 끝낸 후 다음과 같이 썼다: 그가 "내 판단을 내가 믿는 한 내가 생각한 것에 대해 모든 책임을 내가 지기 바라는 것과, 가능한 한 그를 귀찮게 하지 말기 바라는 바를 나는 당연한 것으로 여겼다; 그의 마음이 요구하는 바를 전달하는데 여러 말의 설명이 필요 없었다. 각료회의에서 많은 안건이 빨리 처리되었다." David F. Houston. *Eight Years with Wilson's Cabinet,* 2 Vols. (Garden City, NY: Doubleday, Page and Company, 1926) Ⅰ. 9-10.

Newton D. Baker의 지도 아래 전시법을 초안 했다. 그는 정부 활동에서의 능률과 절약에 관해 상당한 관심을 내보였고 국가예산제도(national budget system)의 채택을 위해 작업했지만[47] 그의 명성에 맞는 위대한 행정개혁은 없었다.

개성과 상황의 영향

Wilson이 세 가지 행정직을 역임 할 때 그렇게 분명히 나타난 유사성과 상사 성은 행정인으로서의 그의 경력을 평가할 때에 감정과 기질의 어떤 특성들이 인정되어야 한다는 것을 제시해 준다. 그가 리더십에 집착했다는 데는 일반적으로 의견이 일치한다. Wilson은 젊었을 때부터 정치권력에 매료되었었고 그가 지도자의 자리에 오를 수 있게 해줄 것으로 믿었던 능력과 소질을 개발하려고 의식적으로 노력 했다. 군림하려는 Wilson의 집착에 대한 보상은 그에게 재 조직화를 강압했고 논리적이고 질서 있는 제도에 대한 욕구로 나타났다. 그는 생애동안 토론 클럽의 규정에서 부터 전국연맹(League of Nations)규약에 이르기 까지 그 중요성이 각기 다른 14개의 정관(constitutions)을 썼다. 탁월한 지적 역량은 분명히 그의 자산의 하나다. 한 사람의 행정인으로서 그리고 한 사

47) Wilson은 비록 자기가 대통령일 당시의 예산제도에 대해 강력하게 비판했었지만, 상하 양원의 동시 결의만으로 감사원장을 해임시킬 수 있게 하는 조항이 위헌이라 하여 1920년 예산회계 법안에 대해 거부권을 행사했다.

람의 정치인으로서, 그의 번쩍이는 지성과 지속적인 집중력은 측정할 수 없는 가치를 발휘했다.

일반적으로 Wilson이 창의적인 생각을 가졌던 것으로 여겨지지만 그가 세웠던 계획들은 보편적으로 독창적이지 않았고 단지 그가 접했던 아이디어들을 모방하고 재조정했던 것에 불과 했다. 일찍이 Burleson이 "그는 창작하지 않았다. 그는 조직했다"[48]라고 말했다. 그는 계획과 아이디어들을 종합하는 능력과 그 계획들이 결실을 맺게 하는데 필요한 세력을 조직화하는 능력을 지녔었다. 그렇듯 Wilson이 연방준비금제도(Federal Reserve System)와 같은 기구를 설립할 수 있다고 당연히 믿어지고 있지만, 그가 그러한 신망을 받는 것은 그의 창의적인 사고 덕분이라기보다는 아이디어를 현실로 구현하는 그의 기교 덕분이다.

우리의 집행부 장은 거의가 Wilson의 지적인 동료가 될 수 없을 정도였지만 그런대도 행정가로서 자신을 보충해야 할 정신적인 특질도 지녔었다. 그는 외골수였고 그래서 종종 다른 것에 손해를 끼치더라도 한 가지 사업에 관심을 갖곤 했다. 그의 기억력이 나빴던 때가 수시로 있었고 그것이 거의 모든 행정 업무는 문서와 비망록을 써서 행해져야한다는 그의 주장을 설명해 준다. Wilson은 화를 잘 냈고 공격받은 것을 쉽게 잊지 못 했다. 또한 그는 편견에 강하게 사로잡힐 수 있었고 그의 정책을 반대 했던 사람들과 함께 일하는 것

48) R. S. Baker, Albert S. Burleson과의 1927년 3월 17일 대담 메모, 수기 in Bakers Papers.

이 어렵다는 것을 알았다. 행정인으로서 Wilson의 가장 큰 약점은 아마도 사람을 관리하고 조정하지 못하는 것일 것이다. 그의 이상주의와 정상적인 예절 그리고 신중한 부하대접은 그와 함께 일 했던 많은 사람들로부터 충성스럽고 그치지 않는 지지를 얻었지만 그의 정책을 반대했던 사람들을 회유하지 못하는 것이 많은 잠재적 지지자를 극심한 반대자가 되게 해 버렸다. Wilson은 강단에서는 큰 힘을 발휘했던 한편, Theodore Roosevelt와 Franklin Roosevelt, 그리고 Dwight Eisenhower와 John Kennedy와 같은 개인적인 매력은 없었다. 가까운 친구들 간에는 매력적 이게 따뜻했고 유쾌했지만 낯선 사람들과는 종종 지나치게 자아 의식적이었고 냉담하고 과묵했다.

Wilson의 종교적 신념은 그의 행정 행태에 깊이 스민 의미를 갖게 했다. Wilson의 전기 작가 Ray Stannard Baker는 "Wilson의 깊은 종교적 바탕을 알지 못 하고서는 누구도 그를 이해할 수 없다"[49]라고 썼다. Wilson은 그의 조상들로 부터 장로회(Presbyterian)의 신념을 가르치고 설교하는 전통을 이어 받았고, 그래서 그는 "완고한 관습적(Convenanter) 전통" 속에서 길러졌다.[50] 많은 논쟁의 폭풍이 부딪쳤던 바위는 그의

---

49) Baker, *op. cit.*, Ⅰ, 49.

50) Wilson의 아버지, 그의 조부들 가운데 한분, 그의 큰 아버지가 장로교회 목사였고 그의 첫 부인의 아버지와 할아버지도 마찬가지였다. 그는 언젠가 "내 배경이 된 확고한 종교 개혁적 전통이 그 기간 동안에 많은 목소리를 보내왔다"고 말했다. Daniels, *The Life of Wilson*, 28.

정책은 오직 올바른 것이고 따라서 타협 없이 집행되어야 한다는 그의 근본적인 신념이다. Wilson의 도덕적 정의감은 그의 역동하는 대인적 리더십에 기여했다.

세기의 전환 후 까지 Wilson은 그의 행정과 정치 철학에서 공공연한 Hamilton주의자였고 그의 경제적 사고에서는 19세기적 자유주의자였다. Wilson이 남부 민주당 출신이긴 해도 그는 본성과 훈련으로 연방주의자가 되었다. 더구나 Wilson은 그의 대부분의 정치 행정 그리고 경제에 관한 아이디어를 개인적인 관찰이나 분석보다는 18세기 외 19세기의 영국 공법학자와 정치가의 저술을 독서해 모았었고, 19세기적 자유주의의 기초를 제공해 준 것도 그들의 아이디어였다. 전 생애를 통해 Wilson의 행정 철학은 계속해서 기본적으로 Hamilton주의자가 되는 것이었다.[51] 20세기의 첫 10년에 그의 정치와 경제의 신념이 전향되기 시작했고, 그는 20세기 자유주의자로 그리고 Thomas Jefferson의 정치 원리의 전투적 주창자로 등장했다.

총평

Herbert Baxter Adams가 1924년 대통령 서거 시에 Woodrow

51) Wilson은 여러 차례 Hamilton의 위대성을 밝혔다. 그는 적어도 1910년 이전에 "… 누구도, 그가 현직에 있건 없건 간에, Alexander Hamilton을 이길 수 없다. 왜냐하면 그만이 홀로 건설적인 계획을 갖고 있었기 때문이다; 그래서 그들은 혼란에 빠져야 하거나 아니면 Hamilton을 따라야만 하게 된다." Baker,, Ⅱ, 343.에서 인용.

Wilson의 업적을 평가했던바 그는 과거의 제자이고 동료였던 Wilson의 업적을 자랑스러워했었다. 그러나 그는 솔직히 35년 전에 했던 예언은 아직 이행되지 않고 있다는 결론을 내릴 수밖에 없었다. 왜냐하면 Wilson이 엄청난 행정적 의미를 지닌 개혁을 미국정부에 도입 했었지만, 그 때까지 그는 Adams가 예언 했던 "행정 개혁"을 쓰지도 못하고 있었기 때문이다.

미국행정의 역사적 발달에서의 Wilson의 위치를 결정함 있어 우리는 그의 영향과 기여를 넓은 의미에서 해석해야 할 것이다. Woodrow Wilson의 행정 이론과 실제는, 그것들 본연의 입장에서 보아, 그의 사회 개혁 사업과 그의 전시 리더십 그리고 미국의 위대한 대통령들 가운데 한사람의 입지를 마련해준 전국연맹(League of Nations)의 주창과 함께 자리 매김 되어야 할 것이다. 그는 민주당을 이전의 주 지배권한(states-rights)과 무위도식 하는 지위에서 벗어나게 했고 봉사하는 국가의 정당으로 만들었다. 국민의 안전과 경제적 복지를 증진시키기 위한 적극적인 정부 행위를 선전하는 정당으로 만들었다는 것이다. 그는 미국의 지배적인 철학을 경제적 자유주의 —소극적 자유의 개념을 지닌— 로부터 Jefferson의 평등주의적 자유주의로 바꾸는데 일조 했다. 그의 신자유주의 프로그램과 그의 입법 계획을 확고히 하는데 사용된 조치들은 Franklin Roosevelt의 뉴딜 정책과 지금 받아들여지고 있는 최고 입법자로서의 대통령의 역할에 길을 열어 주었다. 다른 대통령들도 절약과 능률의 노선에 맞춰 대통령의 직무를 관리하는데 보다 크게 성공했었다. 그러나 Woodrow Wilson보다 더 국가 행정체제의 범위와 기능에 깊은 영향을 미친 미국 집행부의 수장은 거의 없다.

Woodrow Wilson,
진보적 개혁과 행정

____Larry N. Walker

편집자 주

앞에서 말했듯이 Woodrow Wilson은 논란의 여지가 많은 전문행정인이었다. 이번 100주년을 계기로 그 전문직에 대한 Wilson의 오랜 공로를 누군가에게 강제적으로 평가하게 한 것은 잘한 일이다.

Larry Walker가 이것을 감탄스럽게 잘 하고 있다. 그는 증거와 식견을 가지고 편집자까지를 포함시켜 부정적인 비평을 하고 있다. Wilson은 행정학뿐만 아니라 대학의 통치 그리고 도시, 주와 나라를 포함하여 대부분의 사회과학에 영향을 미치는 활동으로 특별하고 다양한 생을 영위 했다. 이러한 활동들은 특히 행정학의 장래와 관계에서 Walker가, Wilson이 그 창시자로 뚜렷하게 인정된 학문 분야에서의 그의 위치에 관해 능란하게 논평하고 있는, 이 책의 사려 깊은 결론을 쓰는데 많은 도움을 주었다.

Larry N. Walker는 West Florida 대학의 정치학과 부교수 이고 그 대학의 주와 지방정부 연구소 부소장이다. 그 전에는 평화봉사단 (Peace Corps)으로 Liberia에서 근무 후 Alabama와 Oklahoma

State에서 가르쳤다. 플로리다 도시 공무원 편람(The Florida Municipal Officials' Manual)을 포함해 많은 학술 논문과 정부 조사 보고서를 썼다. 그는 에스캠비아 군 공공시설국(Escambia County Utilities Authority)의 선출직 위원이다. Walker의 논문은 개고되어 Political Science Quarterly지 1989년 가을 호에 발표되었다.

Wilson에 대한 찬성과 반대

미국 행정에 바친 학자-대통령 Woodrow Wilson의 공로에 대한 험담이 오늘날 빠르게 유행되고 있다. 확실히 그의 1887년 논문 "행정의 연구" 는 무엇인가 의미 있는 출발점이 었다는 것을 모두가 인정하고 있다.[1] 예를 들어 2차 세계대전 이전 연대에 탁월한 행정학자 이었던 Leonard D. White는 "행정에 대한 연구는 … Woodrow Wilson이 쓴 빛나는 논문에서 기원 된다[2]"고 썼다. 이차 세계 대전 이후의 연대에 가장 중요한 행정학자라고 주장할 수 있는 Dwight Waldo는 Wilson의 논문을 일컬어 "그 분야의 발달 과정에서 *가장* 중요한 문건이다"라고 했다.[3] Golembiewski가 말 한대로 "실제로 모두가 Woodrow Wilson의 '행정의 연구'가 현대 행정학 연구의 출생 증명을 만들고 있다는데 의견을 같이 한다."[4]

우리는 그러한 표창의 예를 수없이 많이 제시할 수 있다.

---

1) Woodrow Wilson, "The Study of Administration," *Political Science Quarterly,* 2(June, 1887), 197-222. vol. 56(December, 1944): 481-506에 재 인쇄.

2) Leonard D. White, *Introduction to the Study of Public Administration*, rev. ed.(New York: Macmillan, 1939), 10.

3) Dwight Waldo, *The Enterprise of Public Administration*: A Summary View, Novato, CA: Chandler & Sharp, 1980), 67. 강조는 원전대로.

4) Robert T. Golembiewski, "Ways in Which" The Study of Administration Confounds the Study of Administration," in J. Rabin and J. S. Bowman, eds., *Politics and Administration: Woodrow Wilson and American Public Administration*(New York : Marcel Dekker, 1984), 235-247 중, 235.

그럼에도 불구하고 오늘날에는 Wilson의 위상이 흔들리고 있다. 그 한 가지를 보면, 표창들이 처음처럼 칭찬으로 그렇게 가득 차지 않아 보인다. 몇몇 표창 자들은 신중한 말을 사용해 그들의 칭찬을 유보했다.[5] 둘째로, 적지 않은 칭찬을 받을 만한 접근 방법은 "행정의 연구"를 그러한 부류의 첫 출판물로 인정하지만 그것이 후속된 발전에 끼친 영향은 부정하는 것이다. Van Riper가 이 접근 방법의 가장 강력한 설명자이다.[6] 마지막, 세 번째로 어떤 평설 자들은 Wilson이 20세기 발전에 중요한 동인 적 영향을 미친 것으로 인식하지만 단지 효과를, 따라서 원인을 비난한다. 이것들 가운데 가장 거침이 없는 자는 공공선택론자 Vincent Ostrom으로 그는 "Wilson식 행정이론은 반혁명적(counter-revolutionary) 교리 못지 않은 것이다,"고 주장했다. 즉 미국 혁명의 민주적 소득을 헛되게 만드는 교리였다는 것이다.[7]

---

5) *E. G.*, James D. Carrol and Alfred M. Zuck, "The Study of Administration Revisited", 미국행정학회 100주년 기념사업 보고서(Washington D. C. : ASPA, 1983), 3.

6) Paul p. Van Riper, "The American Administrative State : Wilson and Founders — An Unorthodox View," *Public Administration Review,* 43(Nov/Dec, 1983), 477-490; 그리고 "The Politics-Administration Dichotomy : Concept or Reality?," in Rabin and Bowman, *op. cit.*, 203-218. 또한 Dwight Waldo, *The Administrative State*, (New York ; Ronald, 1948), 26n.를 볼 것.

7) Vincent Ostrom, *The Intellectual Crisis in American Public Administration,* rev. ed.(University, AL: University of Alabama Press, 1974), 133. 또한 Golembieski, *op. cit.*; 그리고 Ronald Seidelman, with the assistant of Edward J. Harpham, *Disenchanted Realists;*

요컨대 현대의 행정논자(modern-day administrationists)들은(즉, 학문적 행정인들) — 그러한 문제에 관해 학자들로부터 의견을 얻는 행정인들 말고— 행정학사에서의 Woodrow Wilson의 역할에 대해 혼란스럽고, 의견일치가 안 된 상태에 놓여 있다. 우리들 현대의 실무자와 학자들은 우리들의 뿌리를 알아야 한다. 그렇지 않으면 오늘날 우리가 어디에 있는지를 모르고 또 어디에 있어야 하는가를 모른다. 더군다나 영웅이 없는 시대에 우리는 특히 우리집단의 과거 속에서 그러한 영광을 누릴만한 가를 알아야할 필요가 있다. 이러한 목적에 부응코자 나는 이렇게 Woodrow Wilson을 평가한다. *요약컨대 나의 의견은 Wilson에 대해 칭찬해야할 것이 매우 많다는 것과 현대 행정학을 기초하고 틀을 짜는데 그가 창조적인 영향을 미쳤다고 믿게 해주는 수많은 근거들이 있다는 것이다.*

여기서 이러한 견해를 밝히게 되기까지 나는 한 가지 중요한 방법에서 다른 평설자들과 차이를 지녀 왔다. 즉 나는 정치-행정 이분법에 초점을 맞추지 않았다. 그 유명한 이분법에 초점을 맞추는 것이 Woodrow Wilson에 대한 대부분의 20세기의 관심표현의 전형이다. 예를 들어 "행정의 연구"의 백주년 기념으로 쓰여 진 최근의 독창적 논문이 *정치와 행정*[8] 이외의 제목으로 쓰여 진 것이 있는가? 이분법에 대한 주목은 이해할 만한 것이고 행정인들(선거 직 공무원으로 부터

Political Science and the American Crisis, 1884-1984(Albany, NJ: SUNY Press, 1985).

8) Rabin and Bowman, *op. cit.*

의 자율에 대한 그들의 요구의 토대로서)과 행정논자들에게는(정치학으로 부터의 자율에 대한 그들의 요구의 토대로서) 그것이 중요하다.

그렇지만 Wilson이 정치와 행정사이에 견고한 벽을 구축하려고 했던 것은 결코 아니었음이 사실이다. 1887년 이후의 강의와 논문에서 Wilson은 Miewald[9]가 지적한대로 더 이상의 강한 이분법적 표현으로부터 상당히 후퇴하였다. 다른 필자들 역시 Wilson은 그를 비판 받게 한 정치와 행정(Mosher는 그것을 보다 잘 표현한 "정치-정책과 행정")을 준별하는 잘못을 저지르지 않았다고 믿고 있다[10]. 이들 다른 필자들 가운데는 Cooper와 Fisher, 그리고 Waldo가 있다.[11]

아무튼 나는 Wilson을 정치-행정 이분법에 비추어 평가하려 하지 않는다. 그보다는 나는 그를 그 시대에 정부와 학계의 변화와 관계되는 운동에 끼친 공로에 입각해 평가 하고자 한다. 개혁적인 대통령으로서 또 개혁 지향적인 학자로서 공

9) Robert D. Miewald, "The Origins of Wilson's Thought: The German Tradition and the Organic State," in Rabin and Bowman, *ibid.*, 17-30.

10) Frederick C. Mosher, *Democracy and the Public Service*(New York: Oxford University Press, 1968), 4.

11) Philip J. Cooper, "The Wilsonian Dichotomy in Administrative Law," 79-94; Vinton Fisher, "Leadership Responsibility: The Development of Shareed Public Purpose — Woodrow Wilson's Task for Public Administrators," 133-146; and Dwight Waldo, "The Perdurability of the Politics-Administration Dichotomy: Woodrow Wilson and the Identity Crisis in Public Administration," 219-314, 모두 Rabin and Bowman, *op. cit.*를 볼 것.

히 Wilson은 미국행정학의 앞날에 크고 좋은 영향을 미쳤다.

진보적인 대통령으로서의 Wilson의 영향

나는 먼저 미국 대통령으로서(1913-1921)의 Wilson의 영향을 고찰한다. Woodrow Wilson은 개혁시대의 산물이었고 그 시대의 주도적 활동가였다. 그의 영향, 특히 대통령으로서의 영향을 평가하기 위해서는 우리는 개혁시대의 의미를 평가해야한다.

일반적으로 역사가들은 미국 정치사에 두 가지 큰 전기가 있었다는 것과 개혁시대가 그 둘을 구별하는 큰 분수령이라는데 동의하고 있다. 그 시대의 개혁주의 운동은 다면적인 것이었고 따라서 쉽게 묘사할 수 없다. 그러나 그 핵심은 집단적인 인간의 조건을 "개혁"시키기 위해서는 정부를 능동적으로 활용할 수 있다고 믿는 것이었다. 개혁주의는 제한된 정부와 19세기 자유주의의 개인주의에 대한 반란이었다. 그것은 집단주의, 공동체의 복리를 적극적인 가치로 받아 들였다. 집합적인 공공복리의 증진을 이룩하기 위해 정부 권력을 강제적으로 사용할 것을 주창했고 따라서 개혁적인 정책이 효과적으로 집행되게 하기 위해 행정의 발전을 주장하게 되었다.

Wilson의 대통령 재임 기(1913-1921)는 보편적으로 개혁주의 운동의 위대한 성취기로 인정받고 있다. Woodrow Wilson은 개혁주의로의 전환자로 대통령직에 올랐다. Wilson의 뛰어난 전기 작가 Arthur S. Link는 우리에게 Wilson은 보수주의자로 시작했다는 것과 1901년부터 개혁주의로 전향했다는 것을 말하고 있다.[12)] 실제로 정부에 대한 Wilson의 태도에, 오늘날 우리가 자유주의라고 부르는 것 같은, 강력한 개혁주의적인 줄기가 항상 있어 왔는가에 대해 좋은 논쟁이 있을 수 있다. 그는 항상 창의적이고 능동적인 국가를 믿어왔다. *의회정부론*에서 제안된 개혁은 결국 보다 효과적으로 활동할 수 있는 정부를 설계하자는 것이었다. Wilson은 언제나 국가 주의자였지 자유주의자(Jeffersonian)인적이 없었다. 그는 자기 멋대로 용어를 규정하는데 항상 조심스러워 했지만 서슴없이 자신을 개혁주의자로 혹은 급진주의자로 불렀다고 Dimock이 우리에게 말해준다.[13)]

Wilson은 그의 대통령직이 개혁적인 성취를 이룩하는데 자신이 대체적으로 책임을 맡았다. 그는 정책결정과정에서 소극적인 방관자가 아니었고 오히려 강력한 집행부 리더십으로 개혁적인 원칙을 왕성하게 실천했다. 학자로서 Wilson은 강력한 집행부 리더십의 장점을 설파했고, 대통령으로서는 그가 주장했던 것들을 실천했다 —Theodore Roosevelt대통령이 제시한 실 예를 의심 없이 부각시키고 있다.[14)] Henry Turner

12) Arthur S. Link, *Wilson: Road to the White House*(Princeton, NJ: Princeton University Press, 1947), 24 & 34.

13) Marshall E. Dimock, "Wilson the Domestic Reformer," in Earl Latham, ed., *The Philosophies and Policies of Woodrow Wilson*(Chicago: University of Chicago Press, 1958), 242.

14) Henry A. Turner, "Woodrow Wilson : Exponent of Executive Leader-

가 말했듯이 "Wilson은 대통령직에 그가 영구히 바람직한 것으로 믿는 권력과 영향력을 거의 다 마련해 주었다."[15) Wilson에 의해 제안 통과되었던 특별 법률은 1913년 연방준비법(the Federal Reserve Act), 1914년의 연방통상위원회법(the Federal Trade Commission Act) 1914년의 클레이튼 반독점행위법(the Clayton Anti-trust Act), 1916년의 국가방위법(the National Deffence Act), 1916년의 선박법(the Shipping Act), 1920년의 연방수송법(the Federal Transportation Act) 그리고 1920년의 연방수력발전법(the Federal Water Power Act)을 포함하고 있다. 이들 법률들 각각은 Wilson이 1913년 집무를 시작했을 때에는 중앙정부(national government)에 의해 규제되지 않고 있던 분야에 까지 중앙정부의 통제권을 확장했던 것이다. 이러한 법률들을 통해 중앙정부의 국내문제에 대한 역할이 크게 확대되었고 따라서 수많은 위원회, 외국, 관리처, 그리고 공기업들이 새로이 설립되었다. 그 예를 보면 연방통상위원회(the Federal Trade Commission), 관세위원회(the Tariff Commission), 연방전력위원회(the Federal Power Commission), 미국선박국(the United States Shipping Board) 그리고 연방준비금제도(the Federal Reserve System)가 설립되었다.[16)

Wilson대통령은 또한 Lynch와 Rahimi가 밝혔듯이 "작지만

---

ship," *The Western Political Quarterly*, 4(1951), 97-115.

15) Henry A. Turner, "Woodrow Wilson as Administrator," *Public Administration Review,* 16(1965): 249-257, at 252.

16) 보다 자세한 종합적인 견해는 Dimock, *op., cit.*를 볼 것.

중요한" 방법으로 국가 세금제도의 변경에 기여했다. 주지사로서 그리고 대통령 후보로서, 헌법 제16조의 조항(the Sixteenth Amendments)을 옹호하였다. 그것은 1913년에 재정되어 연방 소득세를 허가했다. 대통령으로서 그는 관세를 인하하는 1913년의 Underwood-Simmons법안을 통과시켰고 누진 소득세를 적용하기 시작했고 따라서 중앙정부가 관세 수입에 의존하던 것에서 누진소득세에 의존하는 것으로 전환하게 되었다. Lynch와 Rahimi에 따르면 Wilson은 이러한 전환이 가난한 사람들에게 간접세를 줄여주고 세 부담을 견딜 수 있는 부자들에게는 보다 높은 세금을 부과하는 것으로 보았다.[17)] 그렇듯 그는 연방 수입원을 보다 확실히 해주고 세 부담을 보다 공정하게 배분하는 국가 세금체계 마련에 기여했다.

Wilson의 대통령 프로그램으로 눈에 띄는 또 다른 차원은 국내-지원 정책들로 이뤄졌다. Walker와 Plant가 지적해 왔듯이 주정부에 지원금을 주는 연방정부의 사업의 수가 Wilson의 대통령 재임기간에 두 배로 늘어 다섯 가지에서 열 가지로 늘어났다.[18)] 연방 교부금(grants-in-aid)의 "초기 체계(embryonic system)"에 관한 첫 해설집이 Wilson 대통령 임기 마지막 해에 발간되었다.[19)]

---

17) Thomas D. Lynch and Maurice H. Rahimi, "Woodrow Wilson and the Revolution in Public Budgeting," in Rabin and Bowman, *op. cit.*, 95-102.

18) Larry Walker and Jeremy F. Plant, "Woodrow Wilson and Federal System," in Rabin and Bowman, *op. cit.*, 119-132.

19) Paul H. Douglas, "The Development of Federal Grants-in-aid," *Poli-*

Wilson의 대통령 재임 시 교부금 총액의 증가는 대단한 것이었고 Wilson 재직 기간에 시작된 교부금 확대의 양태는 개혁시대의 한 가지 특징이고 그 특징은 "정상상태로 회귀"된 뒤에도 사라지지 않았다.[20]

Wilson 대통령시의 교부금 행정은 그 집권화 하려는 성격 때문에 또한 특기할 만하다. Wilson과 그 각료들은 주정부가 집행하는 사업에 대한 중앙 정부의 엄격한 통제를 확보하고, 연방 적으로 지원되는 사업들을 일반지식을 가진 주정부 공무원들이 통제하는 것을 제한하는 행정제도를 채택하도록 결정 했다. Paul Douglas(훗날 미국 상원의원)가 지적한대로 이러한 행정제도들은 Wilson행정에 의해 실시된 교부금 사업의 가장 의미 있는 모습이다.[21]

요컨대 대통령 Wilson은 그의 진보주의적 정책과 정부 본위 적(pro-government) 정책을 통해 미국행정에 지대한 영향을 미쳤다. 그는 중앙정부의 기능과 권력의 성장에, 중앙 행정기관의 커다란 증가에, 교부금 행정을 통한 주정부에 대한 중앙정부 통제의 확립에 기여했다. 그가 발의 했던 정책은 모든 수준의 정부 행정에 중요한 결과를 가져왔다.

---

tical Science Quarterly, 35(1920), 255-271, 522-544.

20) J. P. Clark, *The Rise of a New Federalism: Federal-State Cooperation in the United States* (New York: Columbia University Press, 1938; Russel & Russel에서 1965년 재출판), 139.

21) Douglas, *op. cit.*, 특히 256. 이 주제는 Walker and Plant, *op. cit.*,에서 검토하였음.

개혁론 학자로서의 Wilson의 영향

나는 이제 현대 행정에 끼친 Wilson의 영향에 대해 합의가 덜된 평가 즉 학자로서의 그의 영향에 대한 평가 부분을 고찰하고자 한다. 벌써 지적된 대로 오늘날의 행정학계(public administration community)는 Wilson의 영향을 거의 알지 못한다. 심지어 학계의 많은 의견은 부정적으로, 오용되는 정치/행정 이분법 때문에 Wilson을 비난하거나 아니면 Wilson은 학자로서 이어지는 행정에 영향을 미치지 않았다고 결론짓는다. 앞에서 밝혔듯이 이분법이 뒷날 행정이론의 원리로서 발달한 것을 Wilson의 책임으로 돌리는 것은 불공정하다. 두 번째 견해 즉 Wilson은 행정의 후속 발전에 학문적으로 영향을 미치지 못했다는 견해는 "행정의 연구"와 후속 행정이론의 발달간의 들어난 연결에 대한 매우 협소한 탐구에서 연유된 것이다.

내 입장의 핵심은 Wilson은 후속 행정에 영향을 미쳤다는 것인데, 정치-행정 이분법과 같은 어떤 단일 개념을 통해서가 아니라 그의 학자적인 노력의 총화를 통해 영향을 미쳤다는 것이다. 이러한 총체적인 노력을 통해 그는 그의 시대의 정치적 개혁운동과 학문적 행정의 출현에 크게 기여했다. 이들 두 변화의 차원을 통해 20세기 행정에 궁극적인 영향을 미쳤다.

부패와 개혁

1800년의 제퍼슨 식(Jeffersonian) 민주주의와 1828년의 잭슨 식(Jacksonian) 민주주의의 승리는 능률적이거나 도덕적이라기보다는 민주적인 정부체계를 형성하게 했다. 연방 정부의 모든 수준에서 미국정부는 무능하고 부패하고 그래서 궁극적으로는 비민주적인 것으로 보였다.

정부 개혁 운동은 남북전쟁 이전부터 모습을 갖추기 시작했다. 물론 개혁은 Vicksburg, Shiloh,그리고 Gettysburg투쟁 때문에 방향이 비켜나갔다. 종전 후 개혁을 다시 주창해야한다고 얘기되기 시작했다. 가장 두드러지게는 Henry Adams가 주창했다. 개혁자들은 대중정부의 결함이 남북전쟁이후 시대에 도처에서 분명히 들어났기 때문에 모든 수준 —지방, 주, 중앙 —의 정부에 대해 관심을 가졌다.

부패는 특히 도시에서 지적되었다. Schiesl는 그 시대를 검토하고 "개혁-정신을 가진 중산층을 향해 … 대중 민주주의가 대도시를 통해 거침없이 달려들었다 …"는 것을 발견한다.[22] 그 해독은 "정당 결탁"(party rings), 보통선거, 정실주의, 사기, 그리고 무능력이었다. 결과적으로, Mosher가 말하듯이, "미국의 능률 운동은 중앙 수준보다는 지방 수준에서 시작했고 그 계기를 가졌다. 그 첫째 목표는 도시들이었다."[23] 그리

22) Martin J. Schiesl, *The Politics of Efficiency: Municipal Administration and Reform in America, 1800-1920* (Berkeley: University of Cali-rnia Press, 1977), 6.

23) Mosher, *op. cit.*, 72.

하여 "행정의 진짜 근원은 도시에 있는 것이다. … 도시들은 대부분의 정부들이 있던 곳이고, 대부분의 행위가 있던 곳이고, 대부분의 문제가 있던 곳이고 [따라서]공공 행정 인들의 서비스들이 가장 극적으로 보다 효과적이고, 보다 정직하고, 비싸지 않게 이루어 질 수 있는 곳이다."[24]

물론 도시들이 개혁자들의 유일한 관심의 초점은 아니었다. 중앙정부 역시 부패한 것으로 보였다. Van Riper가 다음과 같이 평설하고 있다.[25]

> 잭슨주의자(Jacksonians)들과 급진공화주의자(Radical Republicans)를 함께 묶어 분석하는 것은 흔하지 않은 일이지만 그 레짐(regimes)들은 많은 공통점을 갖는다. 정치적으로 그 결과는 많은 국조들이 우려했던 것들로, 건국 후기 단계에 권력에의 집요한 관심에 이끌려 인구적인 다수의 지배가 우리들의 나쁜 본능에 펴져서 엽관주의와 방만한 자연자원 착취로 나타났다. … 중앙정부 수준의 집권 화와 주와 지방정부 수준의 분권화에 대해, 자의적이고 부패한 그렇지만 조직적으로 힘이 있는 정당체제가 조정할 수 있는 크기는 그에 대한 반전이 정치적으로 또, 여기에서는 중요한, 행정적으로 정부의 중요한 방향 전환을 하게 했다는 것을 아주 분명하게 나타내 보였다.

24) Ferederick C. Mosher, "Introduction: The American Setting," in F. C. Mosher, ed., *American Public Administration: Past, Present, Future* University, AL: University of Alabama Press, 1975): 1-10, at 8.

25) Van Riper, 1983, *op. cit.*, 480.

남북전쟁 후 개혁노력은 재빨리 전국 수준에서 다시 시작되었다. 1871년, Illinois출신 상원의원 Lyman Trumbull이 대통령에게 자유로운 인사권을 부여하게 하는 부칙을 예산배정 안(appropriation bill)에 덧 부치는데 성공했다. 그에 따라 그 해에 Grant 대통령이 처음으로 인사위원회(Civil Service Commission)를 창설했고 그것은 예산 배정이 안 되고 대통령의 관심이 없어져 폐지될 때 까지 4년간 유지되었다.[26] 전국적인 인사개혁은 1870년대 말과 1880년대 초의 중요 쟁점 사였고 그것은 물론 1883년 국가적인 Pendleton Act의 통과로 치달았다.

남북전쟁 후의 인사개혁운동은 근본적으로 정부의 도덕성과 정당성에 관심을 가졌지 능률성에 관심을 둔 것이 아니었다. "일의적인 쟁점 사는 도덕적인 것이었다. … 민주주의를 깨끗이 하고 고양시키는 것이었다"고 Waldo는 말한다.[27] Mosher는 개혁운동에 관해서 "그 본질이 *도덕적인* 것이었다"고 설명한다.[28] 이들 도덕에 대한 휘몰아치는 관심은 — 능률성보다는 깨끗함에 대한 관심 — Schiesl과 Van Riper에 의해 철저하게 고증되었다.[29]

개혁 운동은 다면적인 것이었다. Waldo는 행정에 중점을 둔 네 가지로 구별되는 "운동들을"지적한다. 그는 그것을 인

26) *Ibid.*

27) Waldo, 1948, *op. cit.*, 28.

28) Mosher, 1968, *op. cit.*, 65.

29) Schiesl, *op. cit.*, Paul P. Van Riper, *History of the United States Civil Service*(Evanston, IL : Row Peterson, 1958).

사(혹은 시민-봉사)운동, 행정훈련 운동, 조사 운동 그리고 재조직화 운동 이라 부른다.[30] 다른 차원의 개혁운동이 또한 있었다. 즉 선거제도의 개혁(비정당적인 선거, 간명 선거(short ballot) 그리고 다른 아이디어의 진작)이 불가피하고 재정 실제(예산작성과 구매 포함)의 개혁이 불가피하다는 것이었다.

의회 정부

Schiesl에 의하면, 개혁운동이 이렇게 소용돌이치는 가운데 Wilson은 "모든 수준의 정부에 걸친 정치적 개혁에서 널리 존경받는 권위자로 급속히 부상했다."[31] 1885년 *의회 정부론*의 출판과 더불어 Wilson은 단지 학자로서 만이 아니라 개혁의 주창자로 전국적인 인정을 받았다. 왜냐하면 중앙정부의 관점에서 보면 Wilson의 *의회 정부론은 1789년 이래 쓰여진 변화("개혁"으로 읽음)를 위한 가장 급진적인 처방* 바로 그것이었기 때문이다.

일반적으로 그 당시 대학의 사회과학자들은 개혁정신(reform-minded)을 갖고 있었다. 부연하자면 그 시대에 처음 등장했던 사회 과학 교리들은 그 때의 사회 개혁운동에 의해 감화 받았고, 그 산물이었다. 그 시대는 행태주의와 논리 실증주의의 전성기 이전이었다고 성명될 수 있을 것이다. 정치학자들은, 일반적으로, 사회 문제에 대한 공공 평설자로 존경받았고 그

30) Waldo, 1948, *op. cit.*, ch. 2.

31) Schiesl, *op. cit.*, 15.

들 가운데 많은 ―아마도 거의 모든― 사람들이 개혁 조직에 적극적으로 참여했다.

그 때 Wilson이 개혁 지향적이었던 것은 그 당시 선도적인 학자들의 간결한 전형이었다. 그렇지만 의회 정부론(CG)으로 보인 초기 활동은 (1) 그가 상당히 젊다는 것과 (2) 그의 사고의 독창성과 대담성 때문에 매우 이례적인 것이었다. 이들 중 첫째 것에 대해서는 CG가 Wilson에게 30세 이전에, 대학원 학생일 때에, 국가적 명성을 가져다주었다는 것을 지적하는 것으로 충분할 것이다. 두 번째 점에 대해서는 과장 없이 CG는 19세기에 쓰여 진 미국중앙정부에 관한 최고의 비판적 분석서이고 따라서 중앙정부를 향한 개혁운동에 관한한 그 분야에서 가장 중요한 19세기의 문헌이 되었다는 것으로 설명될 수 있을 것이다.

CG의 중요성을 설명하는 기본적인 사실은, 믿기지 않을지 모르지만, 미국 중앙정부의 정책 결정과정 체계가 실제로 어떻게 작용하고 있는가에 대해 미국인에 의해 분석된 최초의 출판물이었다는 것이다. 그 때까지 중앙정부에 관한 모든 학술 서적들이 "형식주의적(formalist)" 혹은 "문헌적인(literary)" 접근 방법에 입각해 그것에 접근 했다. 그런데 헌법제정 98년 후 그 헌법에 의해 설립된 정부가 실제로 어떻게 활동하는가에 대한 첫 사실적 분석을 쓰는 것은 젊은 Wilson의 몫이었다. Wilson은 결코 행태주의자가 아니었다 ―그리고 행태적 접근 방법을 정치학에 적용하는 것을 찬성한 적이 없다 ― 그렇지만 그가 미국 중앙정부의 연구에서 첫 "사실주의자

(realist)"였다고 말할 수 있을 것이다.[32)]

CG의 출판이 주는 의미는, 많은 것 가운데 전형적으로, 다음과 같이 제시된다.

> 우리는 이 책이 정치적인 주제를 다루고 있는, 미국 출판사에서 출판되어 본적이 없는 가장 중요한 책 가운데 한권이라고 말하는데 주저할 것이 없다.
>
> *국가지(Nation)*, 1885년 2월 12일[33)]

한 마디로 *의회 정부 론*은 당시에 중앙정부를 향한 개혁운동에 정치학 분야 몫의 중요한 학문적 공헌을 하기도 했던 정치학계의 선구적인 작품이었다.

"행정의 연구"

Somit와 Tanenhaus에 의하면 2년 후 1887년 "행정의 연구"가 그 당시의 "정치학 전문 학술지"였던 *계간 정치학(Political Science Quarterly)*에 발표되었다[34)].

Wilson논문의 배경은 상서로운 것은 아니었다. 1885년 1-2

---

32) J. M. Cooper, Jr., *The Warrior and the Priest: Woodrow Wilson and Theodore Roosevelt* (Cambridge, MA: Belknap, 1983), 50.

33) Woodrow Wilson, *The Papers of Woodrow Wilson,* 61 vols., ed. Arthur S. Link(Princeton, NJ: Princeton University Press, 1966-), Ⅳ: 284; 이하 Wilson의 권수와 면수를 표시함.

34) Albert Somit and Joseph Tanenhaus, *The Development of American Political Science* (Boston: Allyn and Bacon, 1967), 44-45.

월에 Wilson은 Johns Hopkins대학에서 정치 경제학 강사 Richard T. Ely가 가르치는 "행정 세미나(Seminar on Administration)"에 참여 했다.[35] 그것은 그 당시의 대표적인 강좌였고 비교적인 방법을 사용해 매우 유명한 유럽(프랑스와 프러시아)의 국가와 도시 행정 체계를 영국과 미국의 실제와 비교하였다. Wilson의 논문총서(Wilson Papers)는 그 세미나의 어떤 한 분과에 대해 Wilson이 정리한 것을 담고 있다.[36]

> Ely박사가 행정에 관한 논문을 읽었다. … Ely박사는 그 논문에서 행정연구의 중요성을 강조했다. 즉 우리나라의 행정이 세상에서 가장 나쁘다는 입장에서 우리나라에서의 그것의 필요성을 강조했다. 지금까지 이러한 성질의 문제에 관해 미국을 지배해온 이상한 무감정을 강조했다.

그해 말경에 Wilson은 부인이 될 사람에게 그가 자기 연구의 초점을 행정에 맞춰 보겠다는 편지를 썼고, 그 후 몇 달 안에 그 주제를 다룬 세편의 논문을 썼다.[37]

1886년 10월 Wilson은 —그 때는 Bryn Mawr 대학 교수의 첫 해임— Cornell대학 역사 정치 학회로 부터 "그의 행정의 연구"를 주제로 강연을 해 달라는 초청을 받았다. 초청 통지를 받은 단 3주 이내에 Wilson은 그 세 논문을 함께 결합해 연설문을 만들었다. Cornell에서 발표한 1886년 11월

35) *Wilson,* 3, 345.

36) *Ibid.*, 4, 303.

37) *Ibid.*, 5, 43.

3일 후 단 1주일 뒤에 Wilson은 그 논문의 출판을 제의 받게 된다. 곧 바로 그 논문은 단지 단 두 구절만 바꿔서 발표되었다.

요컨대 "그 연구"는 완성된 작품이 아니었다. Cornell에서의 논문 발표에 대해 Johns Hopkins대학 교수 H. B. Adams에게 보고하면서 Wilson은 그 발표가 그의 Cornell대학의 자리 전망을 아무래도 무산시키게 될 것 같다고 썼다.[38] 그래서 그는 *계간 정치학*의 편집자 Edwin R. A Seligman에게 출판의 가치가 조금도 없다고 조심스럽게 통보했다.[39] 그럼에도 불구하고 그것은 출판되었고 그렇게 잘 받아들여졌다. 그것은 학문적인 정치학 논문으로서의 우수성과 개혁 문건으로서의 우수한 성질 때문에 그런 것이다. 그들 각각을 살펴보자.

정치학으로서의 "그 연구"

첫째, "그 연구"는 Wilson에게는 창의적 학문의 선례(predent-setting triumph)를 만드는 또 다른 승리였다. 사실 그것은 논리, 사실, 조직, 그리고 문장 형식에서 결점으로 가득 찼다. 사실 오늘의 기준으로 보면 "그 연구"는 절대로 "과학"으로 쳐줄 수 없다. 그런데 그 당시의 사실들은 다음과 같았다. (1) 그것은 대학의 학자가 행정을 주제로 발표한 첫

38) *Ibid.*, 5, 407.

39) *Ibid.*, 5, 387-388.

논문이다; (2) 행정을 그 당시의 정부 문제 해결의 한 부분으로 인정한 첫 번째의 전문적인 논문이다 ; (3) 그것이 대학의 교육자에게 새로운 두 가지 역할 즉 "행정학"을 개발하는 역할과 행정 인에게 전문화된 직업교육을 제공해주는 역할을 처음으로 제안했다. 이와 더불어 (4) 그것은 정치학자들과, 앞으로는, 행정논자들이 능률성을 도덕성과 똑 같이 증진 시켜야할 대상으로 삼아야 한다고 주장한 첫 정치학 논문이라고 할 수 있다.

Cooper는 Wilson이 "정부 연구의 중요한 새 분야 —법률이 통과된 뒤에 그것이 어떻게 집행되는가에 대한 탐구—를 빛나게 했다"고 결론짓는다.[40] Seidelman과 Harpham에 따르면 "Woodrow Wilson은 정치개혁에 영향을 미칠 수단으로써 새로운 정치학 연구 분야와 쇄신적인 행정학을 공격적으로 주장 했다." 그리하여 그들은 "행정학의 필요성이 정치학의 편리한 예지(conventional wisdom)로 채택되었다"고 계속 얘기 한다.[41]

Wilson논총의 편집자는 "그 연구"를 참조하여 "Wilson은 그 때까지 가졌던 자기 학문의 경계를 넓혔다. 아마도 그는 지금까지 도상에 그려 지지 않았던 미국 행정의 영역을 포함시켜서 그 분야의 경계를 다시 그렸다고 말하는 것이 보다 정확할 것이다"고 말하고 있다.[42]

---

40) J. M. Cooper, Jr., *op. cit.*, 52.

41) Seidelman and Harpham, *op. cit.*, 55.

42) *Wilson*, 6, 483.

Wilson의 당대에 미친 그 논문의 효과는 상당해 보였다. Wilson에 대한 결정적인 평설 자들인 Arthur S. Link와 *Wilson논총*의 편집 종사자들은 그 논문의 발표는 "그 주제에 관한 Wilson의 명성을 즉시 확고히 했다[43]"고 말한다. 1887년 Gilman총장과 H. B. Adams교수가 Wilson을 Johns Hopkins의 행정학 초빙 강사"로 고용한 것은 그 논문 때문이었다고 그들은 말한다. 3년간 연속 강좌를 한다는 당초의 계약은 두 번 경신되었고 총 9년간 강의하는 것으로 되어있었다. 1889년 Adams 교수가 Johns Hopkins강의에서, Wilson의 공로가 " 행정 개혁"의 분야에서 나타나는 것을 보면서, Wilson은 "사회의 위대한 발전"에 기여하는 Johns Hopkins졸업생 가운데 한 사람이 될 것이라고 예측했다.[44]

Wilson이 행정에 관한 강의를 처음으로 한 사람은 아니다. 1882년 Columbia대학에서 "비교행정법"강좌가 개설되었다. Frank J. Goodnow가 1883년과 1887년 사이에 Columbia에서 미국 행정법을 강의하기 시작했고 Richard T. Ely가 1885년 Johns Hopkins에서 "행정 세미나"를 가르쳤다.[45] 또한 "행정학 강사(Lecturer on Administration)와 같은 직함을 처음 가졌던 사람도 아니었다. Edmund J. James가 늦어도 1885년에

43) *Ibid.*, 482.

44) Turner, 1956, *op. cit.*, 249에서 인용.

45) 1882년의 Columbia대학의 강좌는 William Anderson의 서문과 발문을 묶어 Anna Haddow가 편집한(New York: Octagon Books, 1969; 최초는 Appleton-Century에서 출판) *Political Sciences in American Colleges and Universities, 1636-1900.* 181를 볼 것.

Pennsylvania대학(U. Penn)의 "공공재정과 행정학 교수"이었고, 1883년 이전일 가능성도 있어 보인다. 그리고 Goodnow도 1887년 Columbia에서 역사와 행정법(History and Administrative Law)조교수 직함을 부여 받았다.46) 그러나 Johns Hopkins에서 9년 동안 이어지는 매년의 대학원 수준의 행정학 강의에서, 동시에 Bryn Mawr에서, 다음은 Wesleyan에서 그 다음엔 Princeton에서 같은 주제를 강의했던바, Wilson은 전국에 걸쳐 선도적인 행정학 *선생들* 가운데 한 사람인 것만은 분명하다.

사실상, Wilson과 James,그리고 Columbia의 Frank Goodnow가 1880년대와 1890년대의 3인의 선도적 행정논자들이었고, 그것은 맞다. James는 초기의 행정학 교수였고 분명히 성공적인 선생이었다. 그는 1896년 매우 명성 높은 Chicago 대학의 행정학 교수로 갔다. 그러나 성공한 저자는 아니었다.47) Wilson은 그를 알았고, 1880년대 중반에, 편지 속에서 종종 그를 언급했다. 1886년 한번은 그를 일러 "나의 친구 E. J. James"라고 불렀다.48)

Goodnow는 1883년에 Columbia교수단에 합류했다. 1893년

46) *Wilson*, 5, 25; Haddow, *op. cit.*, 251; 그리고 Charles G. Haines and Marshall E. Dimock, eds., *Essays on the Law and Practice of Government Administration,* (Franklin Johnson Goodnow에게 그의 제자들이 헌정한 책)(Baltimore: Johns Hopkins Press, 1935; New York: Greenwood Press, 1968 재 발간), viii.

47) 1896년 James의 임명에 대해서는 Haddow, *op. cit.*, 251.을 볼 것.

48) *Wilson,* 5, 412와 427.

과 1901년 사이에 그는 행정에 관계되는 책 4권을 출판했다. 이 책들의 덕분에 Goodnow의 운세는 1904년 초대 미국 정치학회(the American Political Science Association)회장에 선출되는데 까지 뻗쳤다. 다른 책들이 뒤를 이었다.[49] (우리는 Wilson의 총서에서 Goodnow와 Wilson사이의 친구관계를 찾아 볼 수 없고, 당시의 Wilson의 폭넓은 교류 속에서 사실상 Goodnow에 대한 언급은 없다. 그들은 친하지 않은 경쟁자들이 아니었을까?)

그때에 세 사람 가운데 James가 시간상으로는 제일 빠르나 탁월성은 제일 떨어졌다. Wilson이 그 논문 때문에 가장 뛰어나게 되었고 그것을 Johns Hopkins의 행정학 강사로 명예롭게 임명되는데 까지 이어지게 했다. 그때에는 고작 네 학교에서 행정학 강의가 동시에 이루어졌을 뿐이었는데 Wilson은 9년 동안 그 네 학교 가운데 두 학교의 선생을 했던 것으로 나타났다. 그러나 1890년대에 Wilson의 관심이 너무 폭 넓어 그가 행정논자들 가운데 첫째의 위치를 유지할 수 없었다. 그는 다음으로 최초의 비교 정부론 교과서인 *국가론(The State)*을 썼고(1889), 역사책 *분할과 재통일(Division and Reunion), 1829-1889*(1893)을 썼고, 이어서 다섯 권으로 된 *미국인의 역사(History of American People)*를 1901년에 썼다[50].

49) Frank J. Goodnow, *Comparative Administrative Law*(New York: G.P. Putnam, Sons, 1983), *Municipal Home Rule*(New York: Columbia University Press, 1895), *Municipal Problems*(New York: Columbia University Press, 1898) 그리고 *Politics and Administration*(New York: Mcmillan, 1900).

50) Woodrow Wilson, *The State* (Boston: D. C. Heath, 1889); *Division and Reunion, 1829-1889* (New York: Longman-Green, 1893), 그리고

그 때에 이르러 Wilson은 선도적인 역사학자와 선도적인 정치학자의 위치를 모두 확보했다. 그러나 그가 공공행정논자로서 탁월하다는 모든 주장을 박탈당했다. 그것은, 1893년부터 시작하는 Goodnow 책의 출판과 더불어, 마침내 그들 세대의 선도적 행정논자의 명예를 Goodnow에게 갖다 주었다. 그럼에도 불구하고 Wilson은 간단히 말해 당대의 가장 탁월한 행정 평설 가였고 또한 그 주제의 영향력 있는 선생과 대중 연사의 지위를 유지했었다.

역사 기록을 완전하게 이해하려면, James와 Goodnow 그리고 Wilson은 행정학 교육의 개척자였음을 이해해야 한다. Anna Haddow는 그녀의 결정판 역사책 *미국대학에서의 정치학: 1636-1900(Political Science in American Colleges and Universities : 1636-1900)*(1939)에서 이들 세 사람이 가르친 1880년대의 행정학 교육을 유일한 선례로 지적하고 있다.[51] 1779년에 Thomas Jefferson지사의 주장으로 The College of William and Mary대학은 George Wythe를 첫 재직자로 해 "법과 경찰(Law and Police)"의 교수직을 설치했다. Samuel Johnsons의 18세기 사전에서 "경찰"은 "도시와 군, 그 주민까지에 대한 규제와 통치"로 정의되고 있다. Johns Hopkins 대학의 역사학자 Herbert Baxter Adams는 1887년 "경찰"은 "현대의 행정과 아주 같은 것으로 이제 막 우리 대학의 교과과정에 신규 과목으로 진입하기 시작하고 있었다"고 평

History of American People, 5 vols. (New York; Harper, 1901)

51) Haddow, *op. cit.*

설 했다. The College of William and Mary는 1792년에 법학학사학위 과정을 개설했는데 일반학사에 필요한 3년에 더해 추가 1년의 학습을 더 요구 했다. 추가 수학 년에 수학하는 과목들은 "문화사(civil history)"와 "도시 법과 경찰"이었다. Haddow는 이러한 요건들이 4반세기가 지난 1817년에도 여전히 효력을 발하고 있다는 것을 암시하고 있다. 그런가 하면 3년 학사과정은 "도덕철학", "자연법과 국가법" 그리고 "정부와 정치경제학" 등의 과목 이수를 통해 많은 정부연구를 했다.[52)]

18세기에는 미국의 다른 어떤 대학도 그와 같이 공개적인 행정학교육을 마련하지 않았다. 특정한 대학에서 정부 주제가 도덕 철학, 정치 경제학, 자연법과 국가법, 시민 정부, 그리고 정치 철학 등의 여러 가지 제목으로 다뤄졌다. 심지어 적어도 1800년에 여기저기에서 "정치학"이라는 용어가 사용되기 까지 했다.[53)] 그러한 초기 제목 속에는 우리가 지금 "행정"이라 분류하는 것을 얼마나 포함했는지는 분명하지 않다. 확실히 특히 "정치 경제학"의 제목 하에 19세기가 진행되면서 보다 강력해지는 그런 교과목들이 있었다.

남북전쟁 후 단과 대학들이, 이제 전반적으로 스스로를 종합대학으로 만들어 가면서, 정치학을 보다 체계적으로 준비했다. 그러나 교과목 표에 행정학이 나타난 증거는 거의 없다. 예를 들어 Harvard대학에서 "정부론"의 새 교과과정표

52) *Ibid.*, 45.

53) *Ibid.*, 60, 73과 70 그리고 93.

가 1870년 역사학 조교수Henry Adams에 의해 개발되었다. 네 교과목의 제목은 행정에 많이 주목하도록 제시하지 않고 있으며, 어떤 교과목도 행정학만을 혹은 행정학을 우선적으로 다루지 않고 있다.[54)]

간단히 말해 College of William and Mary의 George Wythe 교수와 그 후계자를 제외하고는 이들 세 사람 James와 Goodnow그리고 Wilson이 미국의 첫 행정논자들이었다. 그들 중에서도 한 사람, Wilson은 행정학의 학문적 교육을 독창적으로 실시한자라는 칭찬을 받을 자격이 있다. 나는 여기에 Wilson이 Johns Hopkins 재직 시 강사였던 Richard Ely는 포함 시키지 않았다. 그것은 내가 아는 한 그는 1885년에 단기 강좌 단 하나만 가르쳤기 때문이다. 정치 경제학 교수인 그는 행정학을 자기 주된 관심 과목으로 여기지 않았다. 몇 년 뒤에 Wisconsin대학에서 노동문제와 조세론 전문가로 유명해 졌었다. 어떻든 Wilson은 행정학을 주제로 출판한 첫 학자였고 그의 논문은 주목할 만한 생각을 담고 있다. 60년 뒤에 Waldo는 "그것들 중 많은 것이 마치 어제 쓰여 졌다 할 수 있을 만큼 매우 현대적으로 보인다"[55)]고 말하고 있다. 그렇다면 "그 연구"에 정치학으로써 높은 점수를 주는 것이 타당하다 할 것이다.

---

54) *Ibid.*, 173.

55) Waldo, 1948, *op. cit.*, 26n.

개혁 문건으로서의 "그 연구"

"그 연구"는 정치학 이상의 것이다. 그것은 그 당시의 개혁운동에 중요한 가치를 지닌 개혁 문건이기도 했다. 사실 계간 정치학 편집자가 그 논문을, 그것의 기술적 결함에도 불구하고, 그것의 명백한 타당성과 개혁의 가치 때문에, 반짝 부각 시켰던 것 같다.

그 "연구"는, 아주 명백하게, 개혁에 관한 것이다. 그러한 사실은 그 논문의 첫 문단에서 분명히 밝혀진다. 거기에서 Wilson은 "행정 연구"는 확실한 문제에 답을 얻어 인사 개혁(civil service)이 완성될 수 있어야 한다고 제안하고 있다. Wilson은 그 당시에 개혁 감정을 분명히 불러일으킨다는 견지에서 행정학에 대한 그의 소명을 정당화한다.[56]

> 이것이 정부 운영방법의 강화를 모색하고, 그 업무를 보다 사업적게 할 것이며, 그 조직을 강화하고 투명하게 할 것이며, 그 직무를 의무감으로 충만하게 할 행정학이 존재해야 하는 이유이다. 이것이 그와 같은 학문이 존재하는 이유이다.

개혁 문건으로서 그 "연구"는 개혁 감정의 초기 공포로 자리매김 된다. Waldo(1948)와 Van Riper(1983,1984)는 그 보다 일찍 나온 행정 개혁을 촉진하는 유일한 학문적 저술(부유한 법률가-개혁자가 쓴)을 확인한다.[57] 그것은 영국 인사 개혁에

---

56) Wilson, 1887, *op. cit.*, 1941 재 인쇄, p.485.

57) Waldo, 1948, *op. cit.*; Van Riper 1983과 1984, *op. cit.*

관한 보고서로 Hayes대통령을 위해 1879년 뛰어난 개혁 주도자 Dorman B. Eaton에 의해 작성되었으며 3년 뒤에 크게 확장되 책으로 출판 되었다.[58] Wilson이 1885년에 그 책 한 권을 구입했다고 *총서*에서 지적된다.[59]

Stillman은 "1880년대의 다른 거물 개혁자들처럼 … Wilson도 당시의 긴박한 쟁점 사에 사로잡혔었고" 인사개혁도 그 쟁점 사들 가운데 하나였다고 설명한다.[60] Altshuler는 Wilson에 관해 "그는 더군다나 *정치* 운동의 지지자로 글을 썼다 즉 19세기 엽관제의 개혁과 그 대신에 실적 인사 제도로 대체하는 것에 관한 글을 썼다"[61]라고 쓰고 있다. Wilson은 벌써 *의회 정부 론*에서 입법부의 지위 남용과 무책임성을 지적했다. 그러나 거기에서 그에 대한 처방책은 제시하지 않았다. 그 후 18개월 뒤 그 "연구"에서 그는 처방책 즉 행정학과 공공서비스를 위한 사람의 훈련을 제시하고 있다. 그 논문은 기술적인 면에서는 많은 결점을 안고 있지만 그

58) Dorman B. Eaton, "Civil Administration" in J. J. Lalor ed., *Cyclopedia of Political Science,* 3 vols., (Chicago: Rand McNally, 1882), vol.1, 473-475.

59) *Wilson,* 5, 6-7.

60) Richard J. Stillman, Ⅱ, "Woodrow Wilson and the Study of Administration: A New Look at an Old Essay," *The American Political Science Review*, 67(1973): 582-591, at 585.

61) Alan A. Altshuler, "The Study of American Public Administration," in Alan A. Altshuler and Norman C. Thomas, eds., *The politics of Federal Bureaucracy*, 2nd ed. (New York: Harper and Row, 1977), 2-17, at 3.

러한 결점은 당시의 개혁적인 청중들에게는 중요한 것이 아니었다. Stillman이 다음과 같이 말했다.[62]

> 우리는 [행정의 연구]를 명확하게 정의하는 것이 Wilson이 그 논문에서 주로 의도하는 것이 아니었음을 추측할 수 있다. 그보다는 그와 그의 거물급 청중들에게 보다 중요한 것은 집행부를 강화시키려는 그들의 노력과 권한을 집권 화 시키려는 노력, 그리고 의회의 무책임을 견제하려는 노력을 정당화시켜 줄 수 있는 적절한 이데올로기를 찾아내는 것이었다.

Wilson의 영향의 범위

Woodrow Wilson의 개혁지향적인 중요한 학술 논저 두 개로, *의회 정부론* 과 "행정의 연구"가 지적되어 왔다. 그 과정에서 개혁 주창자와 행정에 관한 저술가와 선생으로서의 Wilson의 위상에 관해 많은 것이 논의되었다. 그러나 아직까지도 이야기의 전모가 제대로 얘기되진 않고 있다. 초기에는 그는 전국적으로 가장 존경받는 대학 강사의 한사람이었고 뒤에는 "미국에서 가장 잘 알려진 대학 총장이었다."[63] 그는 전국 인사 개혁 연맹(the National Civil Service Reform League)의 회원이고 간부였다.[64] 그는 전국 간명 선거 조직(the National Short Ballot Organization)회원이었다.[65] 그는 유명하

62) Stillman, *op. cit.*, 587.

63) J. M. Cooper, Jr., *op. cit.*, 66.

64) 그는 미국 대통령 후보지명 당시 그 연맹의 부회장이었다.

고 존경 받는 개혁 주제 대중 연설가였고 이름난 개혁 회의에서 연설했다. 예를 들어 그와 Theodre Roosevelt는 1896년 도시개혁 Baltimore 회의의 연사였다.[66] 그의 대학 강의는 의심의 여지없이 강력한 개혁 색채를 띠었다.

이점에 관해 1898년 Johns Hopkins에서의 전체 강좌 체계는, Wilson에게 자기 강좌에서 "이 도시의 개혁 작업에 비추어 본 도회적 경향"을 강의해 달라는 Adams교수의 요구에 부응하는, 도시행정에 관한 것이었다.[67] Wilson은 정규적으로 신문에 개혁주제의 편집기획 논문을 썼다. 그의 만년의 연설과 글들은 평민에 대한 그의 신념이 확신으로 가득 찼다. 그것이 Wilson을 대중연설가로서 인기를 갖게 했다.[68]

학문하는 사람으로서 Wilson은 그 당시의 학문운동에 적극적이었다. 그는 1883년 미국경제학회(the American Economic Association)창립자 가운데 한 사람이었다. 20년 후 1903년 미국정치학회가 형성될 때 그는 초대 부회장으로 선임되었는데 그가 거절했다. 1910년 그 학회의 제8대 회장이 되었다. 학문의 경계가 지금보다 덜 엄격하던 때라 Wilson은 "자신을 신 사회과학 운동의 지도자들과 연결 지었고" 정치학, 경제학, 사회학 그리고 행정학의 각 분과를 설립하는 운동의 지도자가 되었다.[69] 그러한 노력을 통해 대학의 조직과

---

65) Schiesl, *op. cit.*, 172.

66) J. M. Cooper, Jr., *op. cit.*, 60.

67) *Wilson*, 5, 652.

68) J. M. Cooper, Jr., *op. cit.*

사회 과학의 내용에 중요한 영향을 미치는 학풍을 진작 촉진 시켰다.

Wilson은 또한 정치학 연구에서 학문적 사실 주의를 진작 시켰고 그것을 그의 정치학 저술 *의회정부론*과 그 "연구", *국가론* 그리고 1908년의 *미국에서의 입헌 정부론(Constitutional Government in the United States)*에서 예시해 보였다.[70] *의회정부론*은 앞에서 지적했듯이 미국의 중앙 정부가 어떻게 작동하는가에 관한 미국인이 쓴 최초의 사실 분석서이다. *국가론*은 독창적인 비교정부론 교과서이고 어떤 서평가에 의해 그 시대의 가장 중요한 세권의 일반 정치학 책 가운데 한권이라는 평가를 받았다.[71] Wilson은 본인이 사실주의를 실천하는 이외에 다른 정치학자들에게도 자기와 같이하라고 강력하게 권고했다. 1887년에 Wilson이 논문을 하나만 발표한 것이 아니라 두 개를 발표했다는 것은 오늘날 잘 알려진 일이다. 두 번째 논문의 제목은 "정치학의 연구에 관하여"라는 것으로 그 속에서 Wilson은 학생들이 법을 넘어서 국가의 생활을 친하게 접하게 되어야 한다고 주장했다. 그는 법률가의 지도를 받아 헌법을 읽는 사람은 "단지 제도의 해부만을 알고 그것들의 생태는 조금도 알지 못하는 위험을 무릅써야만 한다"고 썼다.[72] 그리하여 Wilson은 말과 실행을

69) Seidelman and Harpham, *op. cit.*, 45.

70) Woodrow Wilson, *Constitutional Government in the United States* (New York: Columbia University Press, 1908).

71) Vernon L. Parrington, *The Beginnings of Critical Realism in America*, 1860-1920, vol. 3(New York: Harcourt, Brace, 1930), 119.

통해 정치학 연구의 극적인 혁명을 촉진 시켰다.

Wilson 자신의 정치학 연구노력에 대해 Cooper는 다음과 같은 판단을 내린다.[73)]

> 그가 쓴 저술들은 그의 학문 활동 연대인 1880년대 중반부터 1910년까지의 기간에 그를 미국에서 가장 훌륭한 정치학자로 만들었다. … 기껏 Charles E. Merriam과 Harold Lasswell 같은 다른 사람들의 저술이 나타나서야 미국정치학자들은 Wilson수준의 연구를 수행하기 시작했다. … 그의 진정한 후계자는 … Walter Lippmann이었다.

정치학의 학문적 발달에 미친 Wilson의 영향에 관해 Seidelman과 Harpham은 이렇게 평가하고 있다.[74)]

> Woodrow Wilson은 정치 개혁에 영향을 미칠 수단으로 정치연구의 새로운 분야와 쇄신적인 행정학의 요구를 공격적으로 주장했다. 행정학의 필요성은 정치학의 편의적인 요령으로 받아들여졌다. 의심할 것 없이 Wilson은 정치학의 전문적인 발달에 촉매 작용을 했다. … 미국정치학의 전문 조직과 언어에 대해 Wilson은 계속 관심을 가졌다.

Seidelmann과 Harpham은 또한 "행정학에 대한 그의 주장

72) Woodrow Wilson, "Of the Study of Politics," *New Princeton Review,* 119.

73) J. M. Cooper, Jr., *op. cit.*, 54.

74) Seidelman and Harpham, *op. cit.*, 54.

을 통해 Wilson은 전문 조사 조직의 역할과 정치학의 학문성, 그리고 미국대학의 변신을 정당화하는데 기여 했다"[75]는 결론을 내린다.

결론

자, 계속해 보자. 예를 들어 Wilson을 정치 이론가로 분류할 수 있었다. 그 "연구"는, 한 평설 자에 의해, 좋건 나쁘건 미국정치학 이론의 중요 저술로 인정받았다.[76] 그러나 충분한 것은 좋은 것이다. 나는 독자들이 이제는 Woodrow Wilson을 진보적인 대통령으로 정치학자로 개혁 주창자로 그리고 선구적 행정논자라는 관점에서 각인해주기 바란다. 이 모든 것을 이해하는 사람들은 더 이상의 논의 없이 Woodrow Wilson은 21세기 미국행정에 지대한 영향을 미쳤다는 것을 *당연히* 알게 될 것이다. 우리는 그가 역임했던 모든 자리를 거치면서 또 그가 했던 모든 일을 하면서 쉽게 그만큼 영향을 미칠 수가 없다.

21세기의 미국행정에 미친 Wilson의 영향은 후속 학문적 행정이론에 대한 그의 직접적인 영향을 통해 거의 *모든 것 (of all)* 위에 나타났다. 그렇다 다음 중 몇 가지 산발적 영향

75) *Ibid.*, 53.

76) Mosher, 1968, *op. cit.*, ; Seidelman and Harpham, *op. cit.*; Ostrom, *op. cit.* 그리고 Doughlas Yates, *Bureaucratic Democracy; the Search for Democracy and Efficiency in American Government*(Cambridge, MA: Harvard University Press, 1982)

이 있었다. 그러나 다음의 모든 영향들이 또한 있었다. (1) 그의 진보적인 대통령직 수행; (2) 학자로서 그 당시의 개혁 운동에 미친 영향과 개혁운동을 통한 영향; (3) 사회 과학이 독자적 별개의 연구 분야로 전환하는데 미친 영향 ; (4) 대학의 변모에서의 그의 역할; (5) 정치학이 헌정 적 형식주의 보다는 사실주의를 지향하게 한 그의 역할, 이들 모든 길을 통해 Wilson은 오늘날 미국의 정치학과 행정학에 영향을 미쳤다.

국문색인

ㅁ

ㅂ

ㅅ

ㅇ

ㅈ

영문색인

김성기

현 : 전남대학교 법과대학 행정학과 교수
고려대학교·동 대학원 행정학 박사
Visiting Scholar: 미국 University of Missouri-Columbia, 정치학과
The George Washington University, 행정학과
National University of Singapore, Lee Kuan Yew 정책대학원
한국행정학회 이사, 한국정책학회 부회장 역임
논저 : 조직에서의 목표-합리적 행위에 관한 비판
현대 행정이론에 관한 비판론적 고찰
현상학적 행정이론에 관한 연구
사회정의와 사회질서(공저)
고급행정이론(역서)
행정학(역서) 등

Wilson과 행정학

인쇄 | 2007년 6월 10일
발행 | 2007년 6월 20일

편저자 | Paul P. Van Riper
역자 | 김성기
발행 | 강정채
발행처 | 전남대학교출판부

등록 | 1981. 5. 21. 제53호
주소 | 500-757 광주광역시 북구 용봉동 300
전화 | (062) 530-0571~3
팩스 | (062) 530-0579
홈페이지 | http://altair.chonnam.ac.kr/~cnup

값 10,000원

ISBN 978-89-7598-615-4 (93350)

이 도서의 국립중앙도서관 출판시도서목록(CIP)은 e-CIP홈페이지
(http://www.nl.go.kr/cip.php)에서 이용하실 수 있습니다.
(CIP제어번호: CIP2007001887)